□はじめに□

大阪府公立高等学校一般入学者選抜における、国語C問題の対策をしたいために、本書を編集しました。大阪府公立高等学校一般入学者選抜の過去の出題内容を分析し、多くの私立高・公立高入試問題から、対策としてふさわしい問題を厳選しています。

各章では主に、左記の対策ができます。

一　国語の知識　漢字の読み書き・熟語の知識・返り点・文法
二　長文読解　短歌・俳句の鑑賞文
三　長文読解　ことばや文化・芸術などに関する論説文
四　古文　和歌・漢文書き下し文などを交えた古文
五　作文　資料を活用した三百字以内の作文

加えて、入試本番でどのような問題が出されても冷静に対応できるように、本書には過去の出題内容と似た問題だけでなく、本文の文章量・設問数・解答記述量がより多いものなど、難易度が高いものも収録しています。

このことで、自分の学習状況や志望校をふまえながら、本書を上手く入試対策に活用してください。

入試直前期には、英俊社が出版している、最新の過去問題集「公立高校入試対策シリーズ（赤本）」と、入試本番の試験形式に沿って演習できる「大阪府公立高等学校　一般　予想テスト」を仕上げてください。これらとあわせて本書を活用し、万全の態勢で入試に向かってください。

※C問題を出題する高等学校の一覧など、最新の入試情報については、大阪府教育委員会のホームページでご確認ください。

もくじ

JN021379

長文問題の出典一覧表

一 国語の知識

1

次の──(1)〜(3)のカタカナを漢字に、──(4)〜(6)の漢字をひらがなに書き改めなさい。　（大阪高）

(1) 適正なネダン設定を考える。（　　　　）
(2) 家と学校をオウフクすると一時間はどかかる。（　　　　）
(3) 私たち国民には税金をオサめる義務がある。（　　　める）
(4) 努力を重ねたが悔しい結果になった。（　　　しい）
(5) 正月にお雑煮を食べる。（　　　　）
(6) 夏は携帯扇風機を重宝する。（　　　　）

2

次の(1)〜(10)の傍線部の漢字の読みをひらがなに直し、カタカナは漢字に直しなさい。　（常翔啓光学園高）

(1) 先輩に会釈する。（　　　　）
(2) 温床で苗を育てる。（　　　　）
(3) 芳名録に署名する。（　　　　）
(4) 専門家が警鐘を鳴らす。（　　　　）
(5) 権力を掌中に収める。（　　　　）
(6) サッカーのシンパンをする。（　　　　）
(7) 勝者のエイヨを称える。（　　　　）
(8) 旅の無事をイノる。（　　　　る）
(9) 美しくヨソオう。（　　　　う）
(10) 手紙をユウソウする。（　　　　）

3

(1)〜(8)の傍線部のカタカナは漢字に直し、漢字はひらがなで読み方を答えなさい。（送り仮名が必要な場合は送り仮名も書きなさい。）　（アサ学園高）

(1) 古今東西の名物を取り揃えております（　　　　）
(2) 目の前の困難に立ち向かおう（　　　　）
(3) 就寝時間は午後十時です（　　　　）
(4) 松には雌花と雄花がある（　　　　）
(5) キバが光る（　　　　）
(6) ツメがうなる（　　　　）
(7) 燃えるイカりの紅い色（　　　　）
(8) ハねて飛んだぞ空高く（　　　　）

4

次の──線のカタカナは漢字に直し、〜〜線の漢字には読みを書きなさい。　（金蘭会高）

(1) 道路に飛び出すのはキケンだ。（　　　　）
(2) 田舎の畑をタガヤす。（　　　　す）
(3) センレンされた文章を書く。（　　　　）
(4) みんなの意見をハンエイする。（　　　　）
(5) 父のためにセーターをアむ。（　　　　む）
(6) 海で遭難し波間を漂う。（　　　　う）
(7) 式の進行を妨げる。（　　　　げる）
(8) 久し振りに余暇を楽しむ。（　　　　）
(9) 気がゆるんで怠惰な生活を送る。（　　　　）
(10) 先生のスピーチは含蓄が深い。（　　　　）

5　次の(1)・(2)の──線のカタカナを漢字に直しなさい。

(1)
カ　芸術的なクウカンがある（　）
オ　敵のジンコウが自由だ（　）
カ　病気を未然に防ぐ（　）

(2)
③　②　①

(3)

（開智高）

6　次の各文中に間違って使われている同じ読みの漢字が一字ある。誤字を下に、正しい漢字を書きなさい。

(1)　世界中の貴重な植物を招介している図鑑を購入する。
　（　）→（　）

(2)　野山で蜂が大量発生し……
　（　）→（　）

(3)　新入部員が……
　（　）→（　）

(4)　物産展……観客が百貨店に……
　（　）→（　）

(5)　下校途中に選手が……
　（　）→（　）

（神戸大学附属須磨人　兵庫）

7

ア　反対または対応の意味を表す字を重ねたもの。

イ　上の字が下の字を修飾しているもの。

ウ　下の字が上の字の目的語・対象などになっているもの。

次の(1)～(5)の語句の構成として最も適切なものをあとから選び、それぞれ記号で答えなさい。

(1)　激増（　）
(2)　地震（　）
(3)　往復（　）
(4)　停止（　）
(5)　読書（　）

（常翔啓光学園高）

次の(1)～(5)の二字熟語と構成が同じ熟語をあとのア～オから一つ選び、それぞれ記号で答えなさい。

(1)（　）
(2)（　）
(3)（　）
(4)（　）
(5)（　）

ア　地震　イ　鉄橋　ウ　省略　エ　国立
ア　日没　イ　青空　ウ　骨折　エ　曲線
ア　草木　イ　公私　ウ　不良　エ　尊厳
ア　天地　イ　明暗　ウ　着席　エ　晩秋
ア　登山　イ　予感　ウ　地震　エ　映秋

（大阪女学院高）

8　次のア～オの熟語のうち、上の字が下の字の意味を修飾しているものを次のア～オから一つ選び、記号で答えなさい。
ア　黒板　イ　伸縮　ウ　学習　エ　帰郷　オ　……
（鳥取県）

9　次の(1)～(5)の二字熟語と同じ構成の熟語を次のア～オから一つずつ選び、記号で答えなさい。

(1)　遊戯（　）
(2)　甘言（　）
(3)　未婚（　）
(4)　得失（　）
(5)　……（　）

ア　待雇　イ　抜歯　ウ　海賊　エ　非道　オ　欠乏

（彩星工科高）

10　次の熟語と同じ構成の……次のア～オから一つ選び……

ア　出没　イ　公私　ウ　明暗

11 次の(1)～(3)について、返り点に従って読む順序を算用数字で□に入れなさい。 (昌屋学園高)

(1) □ □ □ □ 。

(2) □ □ □ □ □ 。

(3) □ □ □ □ □ □ 。

12 次の漢文の書き下し文として正しいものはどれか。 (栃木県)

( )

過則勿憚改。 (『論語』)

ア 過ちては則ち勿かれ憚ること改むるに。

イ 過ちては則ち憚ること勿かれ改むるに。

ウ 過ちては則ち改むるに憚ること勿かれ。

エ 過ちては則ち憚ること改むるに勿かれ。

13 次の(1)・(2)の漢文の書き下し文として正しいものをそれぞれあとから選び、記号で答えなさい。 (昌屋学園高)

(1) 有備無患。 ( )

ア 備えあれば患いなし。

イ 備へ無し患ひ有れば。

ウ 備へ有れば患ひ無し。

(2) 学而時習之、不亦説乎。 ( )

ア 学びて而時に之を習ふ、亦説ばしからず乎。

イ 学びて時に之を習ふ、亦説ばしからずや。

ウ 学びて時に此れを習ふ、また説ばしからず。

14 「尽人事待天命」という漢文があります。この漢文の書き下し文「人事を尽くして天命を待つ」に従って、返り点を正しくつけたものを、次のア～エから一つ選び、記号で答えなさい。( ) (鳥取県)

ア 尽人事待天命。　イ 尽人事待天命。

ウ 尽人事待天命。　エ 尽人事待天命。

15 『論語』に「知之者、不如好之者。好之者、不如楽之者。」という一節があります。この一節の「好之者、不如楽之者。」の書き下し文「之を好む者は、之を楽しむ者に如かず。」に従って、返り点を正しくつけたものを、次のア～エから一つ選び、記号で答えなさい。 (鳥取県)

( )

ア 好之者不如楽之者。

イ 好之者不如楽之者。

ウ 好之者不如楽之者。

エ 好之者不如楽之者。

16 次の文はいくつの文節・単語からできていますか。それぞれ算用数字で答えなさい。文節( ) 単語( ) (賢明学院高)

走っているうちに疲れてきた彼は、イギリス人だ。

17

次の──(1)から(4)までの各文から、──線部の働きをする文節を抜き出しなさい。

(1) 彼は外出し、示された（　　）

(2) 家の自分の部屋で（　　）

(3) （　　）

(4) （　　）

（綾初高）

18

次の──(1)から(4)までの──線部の品詞名を答えなさい。

(1) 今は晴れていても性格で（　　）（述語）

(2) それはとても好きな音楽を（　　）（連体修飾語）

(3) 決して親切だ（　　）（連用修飾語）

(4) な（　　）（接続語）

（賢明学院高）

19

次の──(1)から(3)までの──線部の動詞と、A活用の種類と、B活用形を、それぞれあとのア〜シから一つずつ選び、記号で答えなさい。

だ
切だ
大きな荷物を運ぶ

(1) A（　　） B（　　）

(2) A（　　） B（　　）

(3) A（　　） B（　　）

ア 五段活用
イ 上一段活用
ウ 下一段活用
エ カ行変格活用
オ サ行変格活用

カ 未然形
キ 連用形
ク 終止形
ケ 連体形
コ 仮定形
サ 命令形

（近江兄弟社高）

2 次の(1)〜(3)の──線部の動詞について、(1)同じ活用の種類のものをあとのア〜カから選び、(2)何活用か・(3)活用形を答えなさい。

(1) A（　　） B（　　）

(2) A（　　） B（　　）

(3) A（　　） B（　　）

ア 会話をする番号を
イ 彼も自分の目で見れば納得するだろう
ウ 交番に道を尋ねて見れば

《①活用の種類》
ア カ行変格活用
イ サ行変格活用
ウ 五段活用
エ 下一段活用
オ 上一段活用

《②活用形》
a ① ②
b ① ②

3 傍線部①・②の活用形を次から選び、記号で答えなさい。

二重傍線部エ〜オの連体形・仮定形・命令形・終止形の数を答えなさい。

ア 未然形
イ 連用形
ウ 終止形
エ 連体形
オ 仮定形
カ 命令形

2 傍線部A〜Eの品詞名を次から選び、記号で答えなさい。

A（　　） B（　　） C（　　） D（　　） E（　　）

ア 副詞
イ 連体詞
ウ 接続詞
エ 形容詞
オ 形容動詞
カ 動詞
キ 名詞
ク 助動詞
ケ 助詞

20 次の文章を読んで、あとの問いに答えなさい。

いとこのカイくんはあんこが大好きで、あんこの入ったお菓子は甘すぎて私はあまり好きではないのだが、和菓子のお店の前を走り抜けていくカイくんの様子を見て、結局お店に入ることにした。A駅行きのバスを一本やり過ごしてまで、C喫茶店で豆の甘さを味わう様子が……

おばあちゃんはあんこが大好きだ。おばあちゃんは夢中になってあんこの……あんこが好きだからあんこのお菓子を……丁目の少年を……

（道専門学院高）

21 次の文の──部の性質が文法的に他と異なるものを選んで、それぞれ記号で答えなさい。 （大阪女学院高）

(1)（　　）(2)（　　）(3)（　　）

(1) ア 大きな箱が入る棚を探しています。
　　イ こんなおかしな話があるだろうか。
　　ウ さわやかな朝の空気を感じる。
　　エ ほんの小さなことがきっかけだ。

(2) ア 吾輩は猫である。
　　イ 今日は一人で行きます。
　　ウ 東京で就職する。
　　エ 夏休みは今日で終わりだ。

(3) ア 二つの間に大きな違いはない。
　　イ 他に方法はないという結論だ。
　　ウ 可能性がないわけではない。
　　エ もう遅刻はしないと決心した。

22 次の(1)・(2)の──部と同じはたらきのものをそれぞれ選び、記号で答えなさい。 （京都文教高）

(1) 机の上に大きなリンゴがある。（　　）
　　ア 私は小学校の教師である。
　　イ その本は兄の家にある。
　　ウ それは私たちの思いである。
　　エ ある島での出来事について話す。

(2) 明日の朝礼でテストが行われるようだ。（　　）
　　ア この川の流れは激しいようだ。
　　イ 透きとおった池の水面は鏡のようだ。
　　ウ この海のように美しくなりたい。
　　エ 君の瞳は宝石のようだ。

23 次のア〜エの傍線部の中で、他とは品詞・意味・用法が異なるものを一つ選び、記号で答えなさい。 （京都両洋高）

(1)（　　）(2)（　　）(3)（　　）

(1) ア 観光客に道をたずねられる。
　　イ 声が裏返って、友人に笑われる。
　　ウ 先生がこちらに来られる。
　　エ 虫に食べられた葉っぱ。

(2) ア 私の趣味はプールで泳ぐことです。
　　イ 海外の海で釣りを楽しむ。
　　ウ 救急車の音が遠ざかっていく。
　　エ 彼の描いた絵はすばらしい。

(3) ア 自分が読まない本を友人に貸す。
　　イ 慌てないように準備を行う。
　　ウ まだ美容院には行かない。
　　エ ここの道路はとても危ない。

二十一

長文読解（鑑賞文）

1 次の文章は、松尾芭蕉のよく知られた俳句とその解説文です。これを読んで、あとの1～3に答えなさい。（注）答えの字数が指定されている問題は、句読点や「　」などの符号も一字に数えなさい。

古池や
蛙飛び込む
水の音
（岡山県［改題］）

「古池や」の「古池」は、作者の心の中に浮かんだ池だとするなら、そこに音がただよっているのです。それは誰も住んでいる人もありません。いまあなたの住まいがあって、その庭に池が「故郷」なんとなくそこは人が住んでいない、古い、「古」「故」「古」に通じているのに、庭に池があるとしたら、そこは相当な人でしょう。そこはなんとなく人が住んでいそうにない場所なのでしょうか。蛙が飛び込んだとしても、そこに飛び込む水の音は迎えられない状況です。池には蛙が住んでいるというのはあたりまえの世界へすっと飛び込んだ音だったとしても、その世界に取り込まれるとしたら、その蛙の命の躍動を聞き取ることもできるでしょう。いっぽう、「死」の感覚にもつながるものでもあり、実は画期的な意味をもつものでしょう。芭蕉の心の

その音を着ける。落ちるときにたてる音を耳を傾けて鑑賞する。新しい蛙の鳴動を聞き取ること、ⓑ新しい連想を見出したということがわかるのです。芭蕉の心

電車や自動車や飛行機を使って、正確に人・モノを何分何刻と移動する今日の時間とは別物の流れが感じられます。あの時間の流れが感じられる何分何刻

1　「蛙」ⓐのように漢字に季節を表す言葉を入れます。その言葉を「季語」といいます。この俳句の「季語」は何ですか。漢字二字で書きなさい。 □□

2　「言」ⓑとありますが、俳句に新しい連想を見出したということについて書かれた一文を抜き出し、はじめの五字を書きなさい。 □□□□□

3　次の文は、俳句の「時間」と新しい連想を見出した「時間」について説明したものです。次の文中の　X　・　Y　に入れるのに適当なことばを、本文中から抜き出して書きなさい。ただし、　X　は七字、　Y　は五字で書きなさい。

芭蕉が求められる　Y　や　X　を保てている学校や職場で流れるような時間のまま過ごしていると思うような、正確さが求められる　Y　、　X　七字の　X　とあります。そのような書きなさい。ただし　X　は、俳句の「時間」『時間』の存在に気付き　Y　という時間と違

3　蛙が古池に飛び込む音を手がかりとして、その命の躍動感を感じ取り、閑寂とした古池に飛び込む蛙が跳ねる気配を感察 （　　　）

イ　古池とは、最も適当なものは、蛙が飛び込む音を聞いて、そのうちへ声が

ウ　古池に飛び込む蛙の姿を手がかりとして、その命の躍動を感じ取りながら

エ　蛙が古池に飛び込む音を手がかりとして、その命の躍動を感じ取り

ア（井上泰至『俳句のルール』より）

② 次の文章を読んで、あとの問いに答えなさい。(筑紫女学園高[改題])

カリグラム

尋ね人新聞広告文案

```
こぞ　　　　　いま

　雪　　　　（春）

の　　　　　いうこ
```

(佐藤春夫『魔女』昭和六年)

長方形の枠がまず目をひく一篇だ。この枠は、「尋ね人新聞広告文案」という一種のサブ・タイトルからもうかがえるとおり、新聞広告欄の囲みを模倣しつつ、そのサブ・タイトルにある言語表現を補強している。枠の中身は、春が去年の雪のゆくえ探し求めるという、機知に富んだもの。それだけでも、忘れがたい味わいのある詩だが、さらに加えるに、①二重の仕掛けがこらされている。

ひとつは、「こぞの雪　いまいづこ」というくだりが、フランソワ・ヴィヨンの*バラードからの引用であることだ。そのバラードは、神話や歴史上の美女たちが、いまどこにどうなっているかと問いかけるものとなっており、問題の箇所は*ルフランとして何度かくりかえされる。ちなみに鈴木信太郎訳(『ヴィヨン全詩集』岩波文庫)では、「さればされば　去年の雪　いまは何処」となっている。

いまひとつは、『魔女』という詩集が、山脇雪子という女性と知り合ったことをきっかけとして作られたということだ。容易に推察できると

おり、「雪」とあるのは　A　の雪でもあり、「春」とあるのは　B　の春でもある。いってみれば、詩集の全体が、実人生の色恋沙汰をしゃれのめしたような作りとなっているわけだ。

ところで、この「カリグラム」を「こぞの雪　いまいづこ春」と読み連ねるなら、それが五音と七音からなっていて、「こぞ」とか「いづこ」といった古めかしい言い方と思い合わせると、いわゆる②文語定型詩の響きをもっているのがわかる。つまり、枠を使った斬新な②やり方と、言い回しの古めかしさとの混用が、この作品にはみとめられるはずだが、それは、多かれ少なかれ、この詩人の特徴でもあった。

(篠原資明「心にひびく短詩の世界」より)

* バラード……中世フランスでうたわれた物語詩。
* ルフラン……リフレイン。くりかえし。
* さればされば……それはそうとして。

1　A・Bに入る最も適当な言葉を、本文中からそれぞれ漢字二字で抜き出して書きなさい。A[　]　B[　]

2　——部①「二重の仕掛けがこらされている」とあるが、これについて説明した次の文章の　ア・イ　にあてはまる最も適当な言葉を本文中からそれぞれ抜き出して書き、ウ　には自分で考えて三十字以内で書きなさい。

ア(　　　　)　イ(　　　　)

ウ[　　　　　　　　　　　　　　　　　]

一つ目は、フランソワ・ヴィヨンのバラードから　ア　するという仕掛けであり、二つ目は、ある女性と知り合ったこの作者の　イ　の色恋沙汰を想起させるような作りにしているという仕掛けである。この「尋ね人新聞広告文案」は、これら二つの仕掛けを組み合わせるこ

（２）

　ふるさとは遠きにありて思ふもの
　そして悲しくうたふもの
　　よしや
　うらぶれて異土の乞食となるとても
　帰るところにあるまじや
　ひとり都のゆふぐれに
　ふるさとおもひ涙ぐむ
　そのこころもて
　遠きみやこにかへらばや
　遠きみやこにかへらばや

　　　　　　　　　　　　　室生犀星

3 次の(1)・(2)の問いに答えなさい。

(1) ――部①「可能」とあるが、この「可」という漢字の楷書で書くときの総画数と同じ総画数である漢字を、次のア～エから一つ選び、記号を書きなさい。（　　）

(2) ――部②「文語定型詩」とあるが、この詩の形式をふまえたうえで、（　　）にあてはまる内容を「　　ウ　　」という意味だと解釈することができる。

（２）の詩の形式をふまえたうえで、次のア～エから最も適当なものを一つ選び、その記号を書きなさい。

――

新しい住宅地について、私が引っ越してきたのは、ほとんど昔ながらの住民を迎えた目立たない古風な家だった。人が住むだけの、いかにも古い眼医者だった。周りの更地に、眼鏡が金色に光って玄関の脇にあった。眼医者は診療している。白木槿が咲いていた前の、その眼医者は木権が厳しい。残念に、毎年夏から秋にかけて木権が軽けれど。

（注1）金鑼＝かなだらい
（注2）白木権＝しろむくげ

甲

なるほどそのたびに何か言葉が出しそうだが、それはついに出てこない。その俳句があるという。だから私はそのだったのだと思う。しかしその言葉があるのだと思うが、意識してその記憶とその一部分が見えているのだ。しかしその意識してその記憶されて行われた覚え隠されたことはいうまでもないが、私はそれを思い出せない。

乙

克明に私は思い出せない。

丙

――

3 次の文章を読み、あとの問い（1～6）に答えなさい。

毎日通う道を、その日通うたびに歩みを進める。同じ道を歩んでいたときにあった空き地が、日ごとに変わってゆく。そのたびにあるとき、その空き地に見慣れた町並みが、そこにあった見慣れた町並みがある日整地されて、更地が近されてしまい……

（千葉）

私の俳句はその眼医者をことさら丹念に描写したものではない。しかし、この句の言葉をいとぐちにして、私はそこにあった眼医者をありありと思い出すことができる。きっかけさえ与えてやれば、記憶は隅々まで像を結ぶ。　Ａ　この句からまったく別の記憶を呼び覚まされる読者もいるだろう。それは例えば今はもうこの世に存在しない読者の実家の情景かもしれない。作者の私が知らない読者の実家の記憶が、私の俳句によって読者の頭の中に甦るのである。

俳句とは記憶の抽斗を開ける鍵のようなものだ。読者がそれぞれ引き出す情景は作者が頭に思い浮かべていた情景に限定されない。読者それぞれの抽斗が引かれればそれでよいのだ。

たった五七五、十七音しかない俳句が豊かな内容を持ち得るのは、このように読者が脳裏に収めているさまざまな情景を思い出すという過程を内包しているからである。五七五に限定された言葉が直接指し示すものの情報量はわずかだが、それをきっかけに引き出される読者の記憶の情報量は限りを知らない。

見慣れた町並みにぽっかり空いた更地は、日記をつけ忘れた一日に似ている。忙しくて日記を何日かつけ忘れた。思い出して書こうとするのだが、ほんの数日前のことなのに何があったか思い出せない。特別な出来事があった日は事細かく思い出せるが、　Ｂ　何もなかった日、日常そのものだった日のことは思い出せない。

それは見慣れた町並みにできた更地を前にするように私を心許ない気持ちにさせる。思い出せないからどうでもいい一日なのだと割り切ればそれでよいのだが、何か大事なものを失くしたような気分になる。

俳句はそのようにして忘れ去っていく日常の、なんでもない日の記憶を甦らせてくれるものでもある。

（小川軽舟（おがわけいしゅう）「俳句と暮らす」より）

（注１）　金盥＝金属製のたらい。洗面器。

（注２）　木槿＝生け垣や庭木として植える、アオイ科の落葉低木。白木槿は、その花の色が白いもの。

1　文章中の〜のようなと同じ意味で使われているものとして最も適当なものを、次のア〜エのうちから一つ選び、その符号を書きなさい。
（　　　）
ア　彼はまだ決心できないような表情をしている。
イ　土手に線香花火のような彼岸花が咲いている。
ウ　あなたとは以前にお会いしたような気がする。
エ　時間通り到着できるような計画を立てている。

2　文章中から次の一文が抜き出されている。入るべき場所として最も適当な箇所を、文章中の〔ア〕〜〔エ〕のうちから一つ選び、その符号を書きなさい。（　　　）
　その情景をきっかけに、私の記憶は息づき始める。

3　文章中の「金盥傾け干すや白木槿」は秋の句であるが、俳句で秋の季語として用いられる言葉を、文章中から二字で抜き出して書きなさい。ただし、この俳句に用いられている言葉以外から抜き出すこと。
（□□）

4　文章中の　Ａ　に入る言葉として最も適当なものを、次のア〜エのうちから一つ選び、その符号を書きなさい。（　　　）
ア　他方で　　　　　イ　このように
ウ　言い換えれば　　エ　なぜなら

5　文章中に　Ｂ　何もなかった日、日常そのものだった日のことは思い出

のだが、そのものを忘れ去られる
記憶を限定された十七音の言葉が
　　Ｉ　　ものである。

Ⅰ　　　　　　　　　　　　　　　

Ⅱ　　　　　　　　　　

６

だし、Ⅰ　は七字以上、十字以内で、Ⅱ　は
二十字以上、二十七字以内で書くこと。

筆者の考えとして、次の文章中の言葉を用いて書くこと。
ただし、Ⅱ　は「豊か」という言葉を使って書くこと。

６　筆者の考えとして最も適当なものを、次のア〜エから一つ選び、その符号を書きなさい。（　　）

ア　筆者は出来事などの記憶は消え去るものだが、忘れ去られてしまうのだから、そのことをどのように考えているのか。

イ　筆者は思い出せない記憶というものは、記憶として残っていないのだと考えている。

ウ　筆者は出来事などの記憶は消え去るものだが、記憶として残っているのだと考えている。

エ　筆者は平凡な日々のような日常のなかにこそ、大切な記憶があると考えている。

芭蕉は世界の経験のなかにある美が目立たないようにし、その世界の変わったものにしてしまう生活のためにしか言葉が変わっていくので、目が変わらせたのだ。

Ｃはあらわれません。動くといえることに、ふふくについて。ことばに訳ぶよりみれば、「　①　」ですで注②　　　へんといったようにといった自然を観察され、この世界の実際な観察されたものが、より精確に観察された「　Ａ　　」と動かせることがあります。「よく」という言葉は

ａのような春の草で、「せり」「なずな」という別名で…「せり　なずな…」と

芭蕉の次の文章を読んだあとの問いに答えなさい。

４

（長崎県）

この句を読んだとき、わたしたちはそれまでそのような花の美しさに感動した経験がなくても、芭蕉が言おうとすることを理解することができます。芭蕉とともに「よくみれば薺花さく垣ねかな」ということばの背後にある「こと」の世界へと、つまり芭蕉が経験している美の世界へと引き入れられていきます。

この句もそうですが、詩歌は特別なことばを用いるわけではありません。詩歌が用いる一つひとつのことばは、わたしたちが日常の会話のなかで使っているのと同じものです。日常の事物を言い表すことばを使いながら、詩歌は、このことばの背後に、日常の世界を超えた世界をくり広げていく力をもっているのです。

（藤田正勝「はじめての哲学」より）

注(1) 芭蕉…松尾芭蕉。江戸時代前期の俳人。

注(2) 精確…精密で確かなこと。

1 ――線部a〜cについて、漢字は読みをひらがなで書き、カタカナは漢字に直しなさい。

a（　び） b（　　） c（　　　）

2 ～～線部「ほとんど」がかかっていく語句を一文節で抜き出して書きなさい。（　　　　　）

3 ［A］に入る言葉を本文から三字で抜き出して書きなさい。□□□

4 ――線部①とは、どのような意味であると筆者は述べているか。次の文の空欄にあてはまる内容を、［Ⅰ］は本文から十字以内で抜き出して書き、［Ⅱ］は最も適当なものをあとの選択肢から一つ選び、その記号を書きなさい。

Ⅰ［□□□□□□□□□］　Ⅱ（　　　）

「よくみれば」というのは、［Ⅰ］という意味ではなく、［Ⅱ］という意味である。

選択肢

ア 日常生活にある小さいものをより詳しく見れば

イ 日常生活を豊かにするために必死に探せば

ウ 日常生活にとらわれないものの見方をすれば

エ 日常生活の経験を通して得た考えを深めれば

5 ――線部②と構成が同じ熟語を次から一つ選び、その記号を書きなさい。（　　　）

ア 洗顔　イ 頭痛

ウ 創造　エ 動静

6 詩歌はどのような力をもつと、筆者は考えているか。本文の［□］で囲まれた部分の語句を用いて、解答欄に合う形で四十字以内で書きなさい。

［□□□□□□□□□□□□□□□□□□□□□］
［□□□□□□□□□□□□］

詩歌は、［□□□□□］力をもつ。

5 次の文章は、歌人である男が詠んだ歌について述べた文章である。男が詠んだ歌について述べた文章は、『伊勢物語』の第百六段をよりどころとしている。歌人が近代の歌人の方智に近いことを述べた文章である。（清明学院高）

むかし、男、親王たちの逍遥しありきけるに、龍田川のほとりにて詠んだ歌を全文書き与えているという。同じ歌人として詠んだ歌は、『古今集』に載せられているという。『伊勢物語』の龍田川の

「ちはやぶる」は「神代」を引き出す枕詞で、親王たちが龍田川のほとりを探し散策したという。在原業平の有名な一首として、龍田川は奈良県生駒郡を流

【A】

ちはやぶる神代も聞かず龍田川からくれなゐに水くくるとは

【B】

紅葉が散って流れたと聞いた龍田川が美しい様子を詠うのだとしている。龍田川から美しい紅葉が散って流れたとされる「からくれなゐの色」は

韓国から伝わったとされる「から」とは神代の名所としていう龍田川の紅葉が……

ちはやぶる龍田川の紅葉……

せめてながめのなかに……

せめてながめのなかにこそ、ただ一つこの歌は、最近になって歌として詠むという人は忍ぶという題を与えられたとき、それはどうしても忍恋という題ではないかと思われる。

題詠という題である。題詠とは何かということを考えてみると、私は長い間恋という題を与えられたとして、題詠はうそではないか、と思われる。題詠というこの歌は、題詠の素晴らしさが迫力を持って

題詠のうまさは、作者の体験として見たような色彩が

題詠というこの歌は、題詠の素晴らしさが再度ながめられ、そのうえで再びイメージが反映されているのだろうか。……

わたしは、この歌の景色をもう一度再び感じられる。実はたかだか恋というのは

実は題詠というのは言うのほうがうまく詠めるのではないか。題詠は、近代という人にとっては忍びという題を、恋という題としてほぼ詠めないのではないか。というのは私は長いこと題詠という懐疑的に見てい

題詠というこの歌は、

③ 詞書と題詠について忍ぶ

歌も題詠して詠むというのは

恋も題詠として詠むという、そのほうが

【C】

② 厳しいという点ではありと

作りものとしてのようだが、これは迫力を持って

㋔ 同じ歌において、実際の短歌は『伊勢物語』で詠まれた歌であるのに対し、決定的な違いをみせている。というのは『古今集』に載せられている実際に詠まれた時の情景を見ると、その点で『物語』は屏風に描かれた御屏風に申すように

㋓ 見事な春の御屏風に春の御屏風に申すように、歌を詠む力が『古今集』に正論であるという作者の信頼を与えるという、実際にスケッチした景色の

【　X　】

【　Y　】

れが題詠という歌として見て、その景色を再度題詠として詠んだよう歌として見て、そのイメージが反映されているのだろうか……

二条の后の後宮の春宮の御息所と申しける時に、御屏風に龍田川に紅葉流れ

きっかけを、与えるものではないだろうか。

　題を与えられても、何も心のスクリーンに映らない場合は、やはりいい歌はできないように思う。

【Ｄ】「あなたの恋の歌は、すべて実際にあったことなんですか？」という質問を受ける。「全部がほんとうではないし、かといって全部がうそでもない」というのが、私の答えだ。あったことそのままでは、単なる身の上話になってしまうが、なにもないところからは、歌は生まれない。

　体験を反映しつつ、より広く、より深い世界を作りあげてゆく、という点では、（右で私の考えた）題詠と変わらないことに気づく。題を与えられようが与えられまいが、結局、④歌の生まれるプロセスの基本は、変わらないのではないだろうか。

【Ｅ】「ちはやぶる」の歌も、実は題詠であって、作者のかつて見た美しい紅葉の風景が、一首に反映されているのだと私は思う。

　ところで、この歌は、落語の「千早振る」でも有名だ。千早さんにふられ、その妹の神代さんを口説いたが聞いてもらえなかった竜田川という相撲取りが、田舎に帰って豆腐作りをするようになる。のち、落ちぶれた千早がそこに「おからをください」と来るのだが、竜田川はくれなかった。世をはかなんだ彼女は、井戸に身を投げて死んだ。彼女の本名は「と」はといった。――これが落語の中での、「ちはやぶる」の歌の解釈である。

　もちろん、わざとおかしく㋔事実を取り違えているわけだが、幼い頃に耳から聞いて、自分なりの解釈を思い込んでしまう経験というのは、わりと誰にでもあるようだ。

　百人一首の例でいえば、私の短歌の師である佐々木幸綱先生は「恋すてふ」を「恋す蝶」、「由良の戸を」を「ゆらの塔」と思っていたそうである。なかなか素敵な思い違いだ。

　詩人の荒川洋治さんのエッセイを読んでいたら「うかりける人を初瀬の山おろしよはげしかれとはいのらぬものを」を小学生のときに覚え「試験にうかった友だちを山からつき落とすなんて、そんなひどいことをあなたに教えたとはないよ！」という親の言葉だと思って、思わず笑ってしまった。現代版「千早振る」ともいうべき楽しい解釈である。

（俵万智「恋する伊勢物語」より）

注　※１　詞書…その歌を作った日時・場所・背景などを述べた前書き。
　　※２　親王…天皇の兄弟・皇子。
　　※３　二条の后…藤原高子のことを指す。
　　※４　春宮の御息所…皇太子の母であること。

1　──線部㋐〜㋔について、漢字はその読み方を、カタカナは漢字に直して答えなさい。
　㋐（　　）㋑（　　）㋒（　　）㋓（　　）㋔（　　）

2　本文中の空欄【Ａ】に当てはまる語として最も適切なものを次から一つ選び、符号で答えなさい。（　　　）
　ア　対句　　イ　序詞　　ウ　掛詞
　エ　枕詞　　オ　縁語

3　本文中の空欄【Ｂ】〜【Ｅ】に当てはまる語として最も適切なものをそれぞれ次から一つ選び、符号で答えなさい。
　Ｂ（　　）Ｃ（　　）Ｄ（　　）Ｅ（　　）
　ア　また　　イ　つまり　　ウ　だから
　エ　もちろん　　オ　けれども

4 ──線部①「物語『伊勢物語』のように」とあるが、その説明として最も適切なものを、次のア～エから一つ選び、記号を答えなさい。（　　）

ア　屏風に描かれた絵に添えられた歌を選び、それらを『伊勢物語』という物語に書きかえることで、多くの歌を詠んだ点。

イ　屏風に描かれた絵を見て、その絵にふさわしい歌を詠んで、それを『古今集』の詞書として短い物語へと書きかえた点。

ウ　同じ絵に描かれた歌を眺めて、歌の名所の持つ魅力を知らせるために、架空の設定が必要だと知った点。

エ　古来より紅葉に迫力があるとして知られた龍田川を詠んだ点。

5 ──線部②「素晴らしい歌が詠めた」とあるが、素晴らしい歌が詠めた理由について述べられている箇所を、本文中から二十字以内で抜き出しなさい。

6 本文中の空欄 X ・ Y に入れるのに最も適切なことばはそれぞれどれか。あとから一つずつ選び、その記号を答えなさい。

X（　　）　Y（　　）

X □□□□□　Y □□□□□

出典『古今集』

7 ──線部③「詞書」とあるが、「詞書」について、本文中の語句を用いて、三十字以内で説明しなさい。

□□□□□□□□□□□□□□□□□□□□□□□□□□□□□□

8 ──線部④「歌」の生徒の感想として適切なものを、本文中から三十字以内で抜き出し、その始めと終わりの三字を答えなさい。

□□□□□□□□□□□□□□□□□□□□□□□□□□□□□□　〜　□□□□□□

葉の窪みにでも山椒の実でも入れる容器のように、この「山懐」のあたりにあるのだろうか、何かが見えた気がして来ます。着物の奥まった結びのあたりだろうと連想しましたが、その時点では「葛城」という文字が「カツラギ」という音読の漢字で国有名詞として読んでいますから、直前の「山懐」という言葉から「大和の国の葛城山」という意味の「葛城」とは意識できません。が、「葛城」という字から「カツラギ」「ヤマトノクニノカツラギヤマ」と音読する、古代的な響きのあるものだろうと想定しましょう。

ここで最初の句をもう一度読むと、「寺の堂の」というお堂の中にある、山懐に降り立った釈迦如来の像がある、この山懐は寺の釈迦如来の像がある釈迦如来の…

大和の国の葛城山、その葛城山の山懐に、釈迦如来の像がある、

同波青嶺

これは文章である。俳人・同波青嶺の代表作「涅槃図」は釈迦如来の涅槃を言われる。この「涅槃」は陰暦二月十五日に釈迦如来の遺徳を偲ぶ法要を行う時の絵画を掲げる法要の変容行という。

（山梨県）

6　次の文章を読んで、あとの1から5までの問いに答えなさい。（*は注を示す。）

みます。わずか十七音を読み下す時間は一瞬です。その一瞬の間に、上
五まで読んで中七に期待する瞬間や、上五中七まで読んで下五に期待す
る瞬間があるのです。

「葛城の山懐」のあとに「寝釈迦」が現れます。この句をはじめて読む
読者は、そこで戸惑います。はじめに山が見えた。その「山懐」につき
なり寝釈迦が現れる。テレビカメラのズームアップであれば、まず山全
体が見え、接近し、山裾が見え、山肌が見えて来る。山あいに寺の伽藍
が見えて来る。その中の御堂の一つが見えて来る。お堂の中に入る。そ
こでやっと寝釈迦と対面です。

[A] 十七音の俳句では、お寺もお堂も省き、いきなり核心の「寝釈
迦」に至る。読者は、突然現れた寝釈迦に戸惑いつつ、そこまで辿って
来た「葛城の山懐」をたぐり寄せる。そこで「なるほど、葛城山の山懐
のお寺にある寝釈迦だな」と納得する。そう納得するまでのわずかな間
に。もしかすると、お寺もお堂もすっ飛ばして、山懐にお釈迦様がその
ままゴロンと寝そべっている情景が浮かんだかもしれない。そこに「葛城」
という地名の持つ古代的なイメージがぶつかって来る。「懐」という、人
懐かしい言葉の響きも余情を添えます。

「葛城の山懐」から「寝釈迦」へと読み下す一瞬のうちに、一句のイメー
ジは、大和盆地の風景から釈迦入滅のシーンへ変容します。その過程で
読者は、妙なる言語時間を体験することでしょう。

この句を繰り返して読み、暗記・暗誦するほどになると、「葛城の山懐
に寝釈迦かな」の全貌が頭に入っています。文字を見なくても、電車の
吊革を持ったまま「葛城の山懐に寝釈迦かな」を思い浮かべることが出
来る。「葛城」の時点で既に「寝釈迦」を予想している。最初に読んだと

きの、上から下へ一語一語辿ってゆく妙味は再現できません。しかし、
この句を隅々まで知悉したあとは、一句の全体像が同時に見えて来ます。
そこに別の楽しみが生じます。

「葛城の山懐に寝釈迦かな」のすべての言葉が、同時に読者の中に入っ
て来る。そのとき読者の脳裏には、「葛城」という地名、「葛城山」とい
う山、実景としての「山」、その「山懐」、「山懐」にある「寝釈迦」、「葛城」
にある「寝釈迦」、「懐」にある「寝釈迦」といった具合に、言葉と言
葉、イメージとイメージが渾然一体となった言語空間が現れます。

②喩えて言えば、読者にとってはじめて読む俳句は「時間的」であ
り、何度も読み慣れた俳句は「空間的」なのです。音楽に喩えましょう。
ある曲をはじめて聴くときは、耳で旋律を追い、次々に聞こえて来る旋律
に感心します。何度も聴くうち、さほど意識しなくても旋律が耳に入って
来るようになる。次の音や次の旋律を予想しながら聴くようになる。や
がて、旋律だけでなく、和音や楽器の音色などを耳が捉えるようになる。
第一楽章を聴きながら第四楽章を思い浮かべることもある。それでも飽
きが来ない。というより、聴けば聴くほど味わい深い。その所以は何で
しょうか。

評論家が聴きどころを説明することは出来ます。しかし、なぜそのよ
うな作品が生まれたかは、方法論だけでは説明しきれません。方法論と
は別次元の天与の「何か」が然らしめていると思わざるを得ないのです。
「葛城の山懐に寝釈迦かな」のどこに天来の妙趣が宿っているのでしょ
う。「葛城の山懐」から「寝釈迦」への飛躍にあると思います。「山懐」
という言葉を見つけたのも手柄ですが、③この句の付加価値の大部分は、
「寝釈迦」という言葉を選択したことにあります。「葛城の山懐」だけで
は、寝釈迦が見えて来ない。「葛城の山懐の涅槃寺」では寝釈迦が見えて
来ない。「葛城の山懐

1 [A] にあてはまる言葉は何か。次のうちから最も適当なものを一つ選び、その記号を書きなさい。

（　　　）

ア　天来の妙
イ　然らしめる理由
ウ　運然一体
エ　伽藍

（注）
*然らば……所以
*運然一体……知覚
*伽藍……寺の建物
*下五……俳句や絵画の総称の像が横たわり釈迦となりとして悲しむ弟子や動物が描写
*入滅……死ぬこと　釈迦が死亡
*涅槃……大和の国　奈良県の旧国名

2
ア　そこにあるが
イ　そこにある
ウ　意識していたが
エ　意識していた

3
①　始め
②　終わり

十五字以上二十字以内で本文中から抜き出して書きなさい。

4
③　この句について述べた次の文の
「寝釈迦」という言葉は
付加価値の大部分は釈迦「寝釈迦」という言葉を選択した
という状態になるように言葉を選択した。

（2）期待出しながら経験した時々を読む想像し、難しく思う部分を読み返すことがあったり、俳句の内容を理解したり言葉が現れる

読書と同じく読みたいという

ア　極めて短い情景が一瞬で浮かんでくる
イ　俳句の情景が思い浮かぶ
ウ　自分の味わった時の周囲の情景が浮かぶ
エ　葉を味わって周囲に思いをはせる

（1）（2）俳句は「空間的」読者にとっての俳句の「瞬間的」である時の「瞬間的」であり何度も読

とにありますとある。が、筆者は「寝釈迦」という言葉の選択にどのような効果があると考えているか。十五字以上二十字以内で書きなさい。

☐☐☐☐☐☐☐☐☐☐☐☐☐☐☐☐☐☐☐☐

5　次の【資料】は、山梨県生まれの俳人・飯田龍太の俳句を鑑賞した文章の一部である。また、あとの【まとめ】は、本文と【資料】で鑑賞している内容についてまとめたものである。　B 、 C にどのような言葉が入るか。 B は五字以上十字以内で【資料】の中からさがし、抜き出して書きなさい。 C は、助詞という言葉を使って、十五字以上二十字以内で書きなさい。

B ☐☐☐☐☐☐☐☐☐☐

C ☐☐☐☐☐☐☐☐☐☐☐☐☐☐☐☐☐☐☐☐

【資料】

　まく晴れて雪が好きな木嫌ひな木

　　解けやすき、解けにくき。雪と木の相性を「好き」「嫌ひ」という言葉で作者は表現した。雪の解けにくい木は、すなわち「雪が好きな木」。雪の解けやすい木は「嫌ひな木」ということだと思う。

　　自然現象でたまたまそうなった風景も、こう表現されると、なんだか楽しくなる。絵本の一ページを見ているようだ。単純な擬人化だけれど、その単純さが、かえって効果的だと思う。雪を前にすると、誰もが多少、童心に返る。作者もまた、単純明快な表現を、余裕を持って楽しんでいるのではないだろうか。「好きな木嫌ひな木」というリズムの軽快さ、「き」音の繰り返しなど、いずれも句の雰囲気を引き立てていて印象深い。

　　ところで「雪が」の「が」は、主語を表しているのだろうか、それと

も、希望や好悪の対象を示しているのだろうか。前者だとすると「雪が木のことを好いている」という意味になるし、後者だとすると「雪のことを好いている木」という意味になる。

　　しばらく考えて、どちらでもいいな、と思った。いや、どちらともいえる、と言うべきか。この場合、雪と木は、相思相愛なのだから。

　　　　　　　　　　（俵 万智「童心の一句」より）

【まとめ】

☐
　○　本文で述べられている、言葉の選択について【資料】では、「好き」「嫌ひ」という言葉を用いたことによる効果を述べている。
　○　本文には、俳句の鑑賞を音楽を聴くことにたとえた部分があるが、【資料】では、 B や、同じ音の繰り返しという俳句の音の特徴を取り上げて鑑賞している。
　○　本文では、助詞が一字変わるだけで俳句の趣も変わってしまうことを挙げて、作者の才能を称賛している。一方、【資料】の文章では、 C ことで、俳句の趣が広がることを発見している。
☐

三　長文読解（論説文）

1 次の文章を読んで、あとの問いに答えなさい。
(注)　答えの字数が指定されている問題は、句読点や「　」などの符号も一字数えなさい。

　若者たちの目を輝かせながら、その日の講演をしました。情報収集のための速読のしかたについて、私が何冊もの本を速く読む方法を説明すると、若者たちの多くは「それだけ速く読めるコツを知りたい」と言って、私の本に書いてある読書の方法に一生懸命に耳を傾けるのでした。

　読書の前に話しますが、私はその本のような本を読むときには、最初に目次を読みます。その箇所の最初のページをまず読んで、①その次にその箇所を読み始めます。速読のためには、皆さんも目次を読む方法がいちばんいいと思います。

　一冊の本には、速読できる本と、速読できない本があります。それは　Ａ　、熟読する必要がある本は、速読してはいけないからです。

　情報を得るための読書は速読でいいのですが、味わうべき本は熟読しなければなりません。そのような本は、最初に読み始めてから読み終わるまでを一冊通して味わうことに意味があるのです。

　だからというわけで、②速く読んだのでは読んだ意味がない。その本を要約できるとしたら、その本を読んだ意味はない、そんな話もしました。

（長崎県）

---

1 ━━線部①「ゆえん」を漢字に直しなさい。
（a　　　　字）（b　　　　字）

2 ━━線部①について説明した次の文の（ b ）（ c ）にあてはまる内容を、（ b ）は十字以内で書き、（ c ）は四十字以内で書きなさい。

　人生はただ生きるのではなく、（ b 　　　　　 ）栄養を取るだけのものではなく、味わうべきものだ。短歌を速読する人はいませんが、それは③短歌が（ c 　　　　　 ）からであり、④人生も一つひとつを味わって生きることが大事なのだ。

[解答欄]
```
┌─┬─┬─┬─┬─┬─┬─┬─┬─┬─┐
└─┴─┴─┴─┴─┴─┴─┴─┴─┴─┘
┌─┬─┬─┬─┬─┬─┬─┬─┬─┬─┬─┬─┬─┬─┬─┬─┬─┬─┬─┬─┐
└─┴─┴─┴─┴─┴─┴─┴─┴─┴─┴─┴─┴─┴─┴─┴─┴─┴─┴─┴─┘
```

3　Ａ　に入る語として最も適当なものを、次のなかから一つ選び、その記号を書きなさい。（　　　）
　ア　なぜなら　　イ　ただし
　ウ　また　　　　エ　さらに

4 ━━線部②「速く読んだのでは読んだ意味がない」とあるが、なぜか。その理由として最も適当なものを、次のなかから一つ選び、その記号を書きなさい。（　　　）
　ア　長い時間をかけて知識や情報を得るため。
　イ　短い時間で知識や情報を得るため。
　ウ　読の仕方によって、知識や情報を得るため、速く読むから。
　エ　本を速く読む人は、味わうことがないから。

（ドイツ語では、genießen という言葉があります。「genießen」とは「享受する」「味わう」という意味があり、訳すと「人生を楽しむ」というニュアンスがあります。宇宙食を食べるように人生を「享受する」私たち……）

ア　ビジネスの成功にとどまらない画期的な発想だったから。

イ　読書に時間をかけようとしない若者への批判だったから。

ウ　若者が講演に期待することとは相反する発言だったから。

エ　それまでのどの講師の提案よりも優れた提案だったから。

5　──線部③の品詞として最も適当なものを次から一つ選び、その記号を書きなさい。（　　　　）

ア　助動詞　　イ　動詞

ウ　形容詞　　エ　副詞

6　──線部④における筆者の考えを説明したものとして最も適当なものを次から一つ選び、その記号を書きなさい。（　　　　）

ア　必要な知識や情報の収集を目的とした読書は、生命維持を目的とした宇宙食と同じように価値の高いものだということ。

イ　熟読することなく先へと読み進める読書は、単に栄養補給をするために取る宇宙食と同じで味気ないものだということ。

ウ　長い時間をかけないで内容を把握する読書は、手早く栄養が摂取できる宇宙食と同じように先進的なものだということ。

エ　一面的な知識や情報しか得られない読書は、摂取できる栄養が限られた宇宙食と同じで満足度の低いものだということ。

2　次の文章は、サステナビリティの和訳について述べたものである。これを読んで、あとの1〜5に答えなさい。（山口県）

和訳を考える際には、まずは訳そうとしている概念の意味するところや細かなニュアンスを、誰にとってもわかりやすい言葉で説明できる必要があります。サステナビリティがもともと含んでいる意味合いを取りこぼさないようにしながら日本語で説明するとしたら、どのような表現があるでしょうか。私なりに、サステナビリティと持続可能な開発の概念が含んでいる「ある物や事を下から支え続けながら、次世代に手渡していく」という意味合いを含んだ表現を考えてみました。a 色々な表現を検討しながら、本章を書いている今日のところまででいちばん納得感があるのが、次の表現です。

サステナビリティとは、今日まで私たちの社会のなかで大事にされてきたことをまもりながら、これから新しく私たちの社会のなかでb 大切にされてほしいことをc ちゃんと大切にできるような仕組みをつくり、さらにそのような考え方を次世代につなげる、という考え方のこと。

サステナビリティをこのようにとらえ直し、再定義した上で、では、その新しい和訳を考えてみると、それは「まもる・つくる・つなげる」がよいのではないかと考えています。

ここでの「まもる」は「守る」であり「護る」です。これまで私たちの社会のなかで大切にされてきた物事や価値観を守り保全しながら、外から害を受けないようには保護することです。これには自然環境や遺産など有形のものも、それぞれの地域の風土に根ざした民俗芸能や信仰、伝統知のd ような無形のものも含まれます。

「つくる」は「作る」であり「創る」です。物理的なものや仕組みを作ることであり、アイデアや価値を創ることです。これには、低炭素社

1　細かな「なげる」

　※伝統知能＝地域における習慣や信仰など根底として伝承されてきた伝統的な知識や芸能。

　※民俗芸能＝民間の習俗として受け継がれてきた伝統的な知識や芸能。

　　　　　　　　　　　（注）

　　　　　　　（工藤尚尚「─」）

ａ部の──の文章中の──な知識や芸能。

2　「私たち」は、どのような「」に
　考えられているか。次の言葉を
　修飾しているか。記号で答えなさい。
　　ア　　イ　　ウ　　エ

3　噛み砕いて「」の意味を考え合わせて、
　最も適切なものを、次のア〜エから一つ選び、記号で答えなさい。
　　ア　合わさないで選び
　　イ　表現する
　　ウ　考え合わせ
　　エ　会合という選び

4　まさ・へり・なげ　について、
　関係を踏まえて
　ア〜エから一つ選び、記号で答えなさい。
　　ア　筆者はどのような「まさ・へり・なげ」を
　　イ　エーから選ぶ
　　ウ　何度か分析して
　　エ　細かさへ考察しやすく

エ 「まもる」と「つくる」は、今後の社会に必要なことを個人的な見解に基づいて説明し、「つなげる」は、社会集団の形成過程について歴史的な見解に基づいて説明している。

5 次の文が、筆者がサステイナビリティの和訳を「まもる・つくる・つなげる」とした理由をまとめたものとなるよう、　I　には文章中から二十字以上二十五字以内の表現を書き抜いて答え、　II　には適切な内容を四十字以内で答えなさい。

I ［　　　　　　　　　　　　　　　　　　　　　　　　　　］

II ［　　　　　　　　　　　　　　　　　　　　　　　　　　］
　［　　　　　　　　　　　　　　］

サステイナビリティの和訳を「まもる・つくる・つなげる」としたのは、この和訳が、　I　を着実に踏まえた表現である上に、　II　ことが期待できるためである。

3 次の文章を読んであとの問に答えなさい。　（初芝橋本高）

現代の日本は、「情報化社会」といわれている。

情報化社会とは、すべての事象が情報として扱われ、こうした情報が洪水のようにあふれて大衆に伝達される。そのような社会を意味している。情報は多ければ多いほどよい。【　A　】私はそれに文句をつけるつもりはないのだが、何もかもが情報化される世の中は、どうせん、それなりに弊害をともなう。

弊害というのは、すべてが大げさになるということだ。情報化は、人に何かをつたえることだが、人間はかならずしも何もかも知りたいと思っていない。そこで、知らせよう、知ってもらおうとすれば、①否応なしに「耳目をそばだてる」ような表現をもちいざるを得ない。【　B　】大仰な言葉を使って、人の関心や興味を、むりやりに引きつけようとすることになる。

その代表が、広告・宣伝であろう。「誇大広告」は取り締まりの対象になっているようだが、②私はこれはおかしいと思う。「虚偽の広告」は取り締まってしかるべきだが、誇大広告がいけないというのなら、広告そのものが成り立たないことになってしまうからである。誇大に表現するからこそ、宣伝になるのであり、宣伝は昔から鳴り物入り、つまり「鉦（かね）や太鼓で」行われてきたのだ。

情報化社会というのは、この意味で「広告・宣伝社会」といってもいい。なにしろ、純粋な、ニュースまでが、宣伝的性格を持つようになったのだから。テレビのニュース番組の変質が、それを正直に物語っているではないか。

ニュースは、それを知りたい人が聞けばいい。それなのに、なんとかして、より多くの人たちに伝えようとすれば、どうしても「鳴り物入り」。

だな環境に、しかし最もうまく生きのびてきたのは、そうした音声に限る。その数は大きいのである。

子供たちは生まれ落ちるやいなや、さかんに声を出して泣く。それは生きていくために知育が大切だからである。

には表現というものが大切になってくる。大仰に身振りをしたり、静寂を破って声を

なければならない人間にとって、あるものは効果的な声を大王

それは耳を傾け

流を占めるのは昔薫の文明は大きいのである。東洋の

……

⑦芭蕉の「古池や」の静けさ、日本の詩歌を代表す

身振りや転倒をさせるということ

静寂を代表する日本の詩歌を代表す

だろう。

言。

（中略）

努めるのはそのためである。大声で

なければならないが、宣伝というものは

あるからである。宣伝というものはただ

その業内や番組のあゆみをますます大仰にする

料理番組でのレポーターが大仰な

誇大表現の連続である。

——現代『読売新聞』

あるというように。新聞はこういうニュースを集めている人物に興味を抱く人が

③

ニュースを大声で読むことはできないが、

傾向がある。新聞はこういうニュースキャ

あるというように。新聞はこういうニュースキャ

ニュースを大声で読むことは、この点ではラジオやテレビのニュースキャ

……

記事をそのまま大声で読み上げて伝える

のだが、新聞は同様に

④

ニュースの番組では、それは人を

現代

⑤情念（の哲学者の理想である。「平安」を意味するア

【　Ｃ　】

ど無関心なのだ。

⑥

注１　盛伝……さかんに言いはやし世間に広く知らせること。

（森本哲郎『日本語　表と裏』より）

注2　暗澹たる……暗く沈んだ。

1　【Ａ】〜【Ｃ】にあてはまる語として最も適当なものをそれぞれ次から選び、記号で答えなさい。ただし同じ記号はくり返し使わないこと。Ａ（　　　）Ｂ（　　　）Ｃ（　　　）
ア　つまり　　イ　しかし　　ウ　だから

2　——①「否応なしに」・⑤「杞憂」の意味として最も適当なものをそれぞれ次から選び、記号で答えなさい。①（　　　）⑤（　　　）
①　ア　賛成、反対両方の意見がある様子。
　　イ　無理やりで有無を言わせない様子。
　　ウ　未練がなく思い切りがよい様子。
　　エ　思いやりがなくそっけない様子。
⑤　ア　心配する必要のないことをあれこれ心配すること。
　　イ　退屈をまぎらすために物をもてあそぶこと。
　　ウ　時に応じた物事の処理ができないこと。
　　エ　目的を遂げるために苦心し、努力を重ねること。

3　——②「私はおかしいと思う。」のはなぜか。その理由を解答欄の「広告というものはそもそも」という言葉に続くように本文中の語句を用いて四十五字程度でまとめなさい。

広告というものはそもそも[　　　　　　　　　]
[　　　　　　　　　　　　]
[　　]
広告というものはそもそも（四十五字程度）

4　⑥にあてはまる漢字一字を答えなさい。（　　　）

5　——④「こんな有り様」とはどのような有り様かを、次のようにまとめるとき、各（　　）にあてはまる言葉を本文中から抜き出して答えなさい。Ⅰは六字、Ⅱは七字で抜き出すこと。
Ⅰ[　　　　　　] Ⅱ[　　　　　　　]
（　Ⅰ　）ために（　Ⅱ　）を積極的に起用したりするような有り様。

6　⑥にはア、イのどちらをあてはめるのが適当か、記号で答えなさい。（　　　）
ア　全く中身のない情報ばかりになり、大仰な言葉が制限されれば
イ　情報が氾濫し、最大級の言葉が乱発されるようになれば

7　本文の内容として適当なものには○、適当でないものには×を、それぞれ解答欄に記入しなさい。
ア（　　　）イ（　　　）ウ（　　　）エ（　　　）
ア　情報化社会の現代では、情報がすべて商品の宣伝になってしまった。
イ　かつては静寂がよしとされたが、現代では大げさな表現が多用されるようになった。
ウ　大げさに表現し、大きな身振りをしなければ反応しない子供達が増えている。
エ　周囲の情報量が多すぎるため、現代人は自然と受け取る情報を制限するようになった。

4 次の文章を読んで、あとの問いに答えなさい。（兵庫県・須磨ノ浦女子高）

①周囲に知れわたっているようなとき、それを「ムンクの叫び」というように、叫び声のような現象はごく自然の叫びのうちだ。今回約96億円で売却されたムンクの「叫び」は、誕生150年を記念し、美術館設立のため、オークションにかけられたという。ムンクの「叫び」は4枚ある。a——され、その調子のためか、美術館改装のため売却されたというが、それにしてもキャンバスに描かれた「叫び」が4枚あるとして、モノとしての「叫び」は4枚ある。

②見られるようにというところで、同じように見られるものであるようなよく見られたという「叫び」は値が付くが、自分で提えた様子のまれであるという。a——だれもが人生において一枚あるというべきか、それらは売却される値が付くのためにオークションにかけられたというモノとしての「叫び」は4枚ある。だれもがそれを「腫」は「叫び」「腫」は、それで自分を反省する者だか、自分の値ほども値が付くかな。4点以上あるのだが、200点以上あって、一方近の主流として実ものである。

①周囲に値わたられたような世界への付加されたという枚数はあくまで一回しかないという共鳴し、数量付加

「それはただ唯一無二だからというわけではあるまい。」そのすばらしい印象は値段により、高価なのだという。何枚あってもいいというモノとしての絵画は高価であり、それは美しいという感情なのであるから。そのような絵画の値の高価の本当の受け止めてくれた値の減少し、数枚対的な絵画の値を見失わせる。④絵画の経済的な影響を受けるがゆえに、物としての本当の値を見せかける経済

③「これは無限にあるから値が付かないという値段ではないかというのは、世界に一枚しかないという数量付加し、数量対的な枚数は絶対的な付かな

いというわけだからというまで値しへとしてしまうから。一枚ではあるという数量付加して、何枚あろうが高価なのだというわけにはいかないというものであるから、そのような絵画は高価であり、それは美しいというまでしてくれるのだが。そのような絵画の値の高価の本当の値を見失わせるから、そのほどに値を失わせてしまうかな美術の

③「これは無限にある」というのは、「金星」の太陽面通過を私が見られたというのか見られなかったという「きのうの美という美しさ時代以来だかという」かの解説が数多く見られた。いかに「頻度」がその基準に則ってアイヌの煽がまれだというのはその頻度の多さによって「頻度」という表現は c それら25年ぶりの金環日食 d 先週訪れた

⑤「限定」「限定」や、その次終了「的な数多い販売の仕方ならしめるだろう。限定「定量だ」「数量だ」というなとき根拠のない言葉がなへ、そのときまだ「限定」や「限定」的な販売のが、そのモノの美を増幅しているかというとそれは胸を張らしめる「ニーズ」が売れるというような売る側のその数量について

<hr/>

値の絵画を見せられて「これ」されたものは世界にただ一回しか同価値上というように価値が同価しているという事実がある付加

④これはだからこそのやうな数量はあるだろうか付加

⑥地球に頻度こそ始末こそ頻度ので大きな頻度でしかないとしても頻度のなかから見られた日本から見られた虹、それに与えられる影響それを旅人の手のよ感動的なのには何もそれは非常に悲しいものがアイスというように

⑦天体ショーとかいう度としては太来見られないというような頻度は

<hr/>

値の絵画を見せて「これ」それはこれであり、まさしく世界にただ一回しか同価値上というように価値が同価しているという事実があるが、同価しているというお互いに減少しお互いに存在する。④絵画の経済的な影響を受けるがゆえに、物としての本当の値を見せかける。

アイスクリームをひとつ押しただけなのにくしゃりと大きな願望として大繁に見られた虹、日本から見られた頻度がそれに与える影響それは地球に取りそれを旅人の手のようにしてしまうようなアイスは何度⑦太

Fの人々はあまり反応していない様子。これぞまさに頻度の影響。私た
ちにとって奇跡の虹も、アイスランドでは日常の光。奇跡だろうが日常
だろうが、美しいものは美しいのに、どうして⑧頻度に誤魔化されてし
まうのか。

　美しさ。それは、日常にこそ存在するもの。長い間戦争に工起き、数
年ぶりに手にしたおにぎりは格別なはず。⑨本当の美しさは日常の中に
こそ存在するのに、私たちはどうかこの「頻度」に振り回され、本当
に大切なものを見失いがちではないだろうか。毎朝太陽には感謝すべき
だろうし、毎晩月を眺めるべきだろうし、寝る前にオコードウを実感する
べきだろう。蛇口からの水にこそ感動するべきだろう。いまあたりまえ
に存在するものはすべて長い時間をかけて築き上げられたもの。「ひね
れば出る水」にたどり着くまでどれだけの時間がかかったことか。非日
常に感動する日常ではなく、日常に感謝する日常。経済的尺度からの脱
却。

　もしこの世に「奇跡」があるとすれば、それはすべてであって、むしろ
あたりまえに存在するものなんてないということ。日常こそ奇跡であっ
て、一膳のごはんも金星の太陽面通過と同じ、いやそれ以上に奇跡。常
に存在するものに心動かされる者こそ、ムンクやモネなのだろう。そ
んなことを思いながら僕は、メガネ越しに太陽を眺めていた。

（ふかわりょう「美しさにまつわる」〈日本文藝家協会編「ベスト・エッ
セイ2013」所収〉より）

1　二重傍線部ア〜オについて、カタカナは漢字に、漢字はひらがなに
直しなさい。

ア（　　　）　イ（　　　）　ウ（　　　）　エ（　　　）　オ（　　　）

2　波線部a〜eの品詞名を漢字で答えなさい。

a（　　　）　b（　　　）　c（　　　）　d（　　　）　e（　　　）

3　傍線部①「見ているようで見ていなかった」とあるが、筆者は何を
見ていなかったのか。本文中から十七字で抜き出し、初めと終わりの
三字を答えなさい。

初め □□□　終わり □□□

4　傍線部②「『睡蓮』は『叫び』ほどの値が付かない」について、なぜ
モネの「睡蓮」は「叫び」ほどの値が付かないのか。簡潔に説明しな
さい。

（　　　　　　　　　　　　　　　　　　　　　　　　　　　　　）

5　傍線部③「一株のやせたなすがつきまとう」について、その理由を
説明したものとしてふさわしいものを、次のア〜エから一つ選び、記
号で答えなさい。（　　　）

ア　筆者はモネの「睡蓮」が好きなのに、一般的にはムンクの「叫び」
　の方が価値が高いとされているから。

イ　筆者は美しいものに対して唯一無二の価値があり、経済と関係な
　く価値があってほしいと考えているから。

ウ　筆者は美しいものに価値があると考えているが、美しくない物で
　も高い価値がつく経済に不満があるから。

エ　筆者は芸術の世界に影響を与えた経済のせいでまどわされて、自
　身の価値観を見失ってしまったから。

6　傍線部④「付加価値のほうが真価を上回る」について。

(1)「ウニ」「ツバメの巣」「べに」のここでの付加価値は何か。それぞ
れ本文中から抜き出しなさい。

ウニ（　　　　　　　　　　　　　　　　　　　）

ツバメの巣（　　　　　　　　　　　　　　　　　）

ということのようにも思う。

ア　日本人という感覚をアイスランド人も奇跡だという日常だろうが、虹は美し

10　傍線部⑦「大地に両足をしっかりと」とあるが、この場合の頻度と本文中から二十字以内で抜き出しなさい。

（2）　環境の頻度が実際に与える影響を、本文中から抜き出しなさい。

（1）　傍線部⑥「頻度」の無料選手権日本一受賞ーテレビレポーター

ア　有名タレントがグルメ食べる

イ　採れたてのイカを本格的に愛用している

ウ　エ

11　傍線部⑧「頻度に誤魔化されている」とあるが、次のア～エから一つ選び、記号で答えなさい。

9　エ
ウ
イ
ア

8　ア　答えなさい。（2）
ア　意図　イ　限定　ウ　消　エ　楽天

傍線部⑤「」や『』限定的『レート』本的レート、「ース」次のア～エから一つ選び、記号で答えなさい。

7　空欄　A　に入る言葉は何か。本当にまる言葉、次のア～エから一つ選び、漢字一字で答えなさい。（　）

（2）

本当に大切なものを見失わないようにしたい。

ア　指定の字数で抜き出しなさい。
イ　本文中から抜き出しなさい。
ウ
エ

本当に大切なものを見失わないようにしたい。【Ⅰ・十一字】である。それは【Ⅱ・五字】や【Ⅲ・九字】を脱却することが重要である。

それは【ア・五字】から見えるものを見失う【イ・十一字】ということであり、
二〇点以上の頻度と見われたものは【エ・十六字】である。

12　傍線部⑨「」しているといえる。次の文章は筆者の主張をまとめたものだが、

ア　日本では奇跡のような虹が旅人にとって感動的な光であるが

イ　あまり虹を見ないアイスランド人にとって、虹は日常の光ので美しい

ウ　奇跡の虹を押しのけて、高い手反応を頻繁に見るアイスランド人

エ　大地より虹に見とれて、高度な頻繁に見るアイスランド人

オ　ア　エ

5　次の文章は、建築家の光嶋裕介が書いた文章である。これを読んで、1〜6に答えなさい。

（岡山県）

　何かを生み出す時のスタンスは、なにも建築を設計する時だけのことではなく、ドローイングを描いている時も、同じように思います。僕が今までの人生で見てきたありとあらゆるビジュアル情報が自分の中にストックされていて、そこから無意識的に、選択しながら描かされているように思うことがあるのです。

　文章を書いている時も、そう。自分自身で書いているのに、僕が今まで読んできたいろいろな本の影響が入ってきているように感じます。先人たちによって心を揺さぶられた言葉が、自分の中の記憶の奥底に染み込んでいて、それらが変容しながら再度生み出されていくような感覚。逆に言ったら、@まったくのゼロからの創造などありえない、と言っても過言ではありません。

　文章や絵は一人で行う孤独な作業。ただ、一人でやる行為であったとしても、それは、自分と対話しているのです。

　そこから多くの着想が立ち上がり、ドローイングとなって、あるいは文章となって表れます。一人だからこそ生まれ得るのです。自分の中にあるものが、熟成し、咀嚼されて形を変えてゆっくり®表れるのです。

　さまざまな経験を通して、私たちは「自分の地図」を描き続けていると思うのです。

　知識として手に入れたもの、体験として感動したことも含めて、自分という人間をつくりあげているありとあらゆるものが、この地図に描き込まれていく。若い時は、自我や人格が不透明で、地図の情報量が少なかったこともあり、ものごとの的確な判断ができなかったり、ことの

本質を見抜くことが困難だったりします。

　しかし、本を読んで感銘を受けた思想や、美術館で心を驚摑みにされた美しい絵画との出会い、時間を忘れるようにして聴き込んだ音楽、あるいは友達とのちょっとした会話から得た着想や、日常の何気ない風景など、日々体験したものがきっちりとこの地図に描かれていくのです。

　すると、いかに多くの他人によって今の自分があるか、ということに気付かされます。

　要するに、©自分の中に緻密な地図をつくるというのは、多くの他人からバトンを受け取っていることの自覚が®生えるということだと思うのです。必要な情報が必要な情報とリンクして、総体としての自分が見えてくるようになります。

　はじめて訪れる街のことを想像してみてください。きっと知らないことばかりでしょう。しかし、地図を持って、その街を歩きながら建物の情報や街の雰囲気を収集していくと、その地図を介して街への理解がグッと深まります。そのとき、地図に書いてあるどの情報が自分にとって大切な情報であるかを嗅ぎ分ける必要があります。地図がその存在意義をもっとも発揮するのは、ある目的をもってその地図を利用するときなのです。

　だから、自分の知らない世界に手を伸ばし、新しい扉を開いて、新しい自分を発見し続けるために、自分の地図を上書きし続ける必要があります。明確な意志をもって描いていくのです。

　いま、僕が建築家としての自分の地図をアップデートしていく中で、大事にしていることのひとつに「モザイク状である」ということがあります。できる限り客観的な視点から、自分自身を成り立たせているものを、バラバラのモザイク状であることに目を背けないで、そのまま受け入れ

ありません。総体として、多くの要素が存在するということがあり、その存在する多くの要素を理解する時も、建築を単純化し、同様のものへと読み込むということに陥りがちです。

ⓕ同様に、建築を理解する時も、建築を単純化してしまうことにより、自分だけが絶対にわかるというものにしてはいけないと思います。多くの要素を単純化してしまうことにより、健全さから遠ざかることになるので、自分だけがわかるというものにしてはいけないと思います。

とはいえ、その多様な地図をつくるためには、自分が読み取る地図が変わっていくということが大事です。自分の地図を続けていくことが学びにつながり、それを他者へ変化していくことになります。その様子を相手のものを観察することにより、自分の本をもとに相手のものを観察する力によって、自分に一緒に対話していくことになります。

ⓔ新しく続けていくことができます。自分の続けていく古い地図を変えてしていく新しい地図を

はその状態から重要なことだと思います。自分の意味を無にしているということです。自分の地図が変わっていくという状態のものがあります。その意味であるもののものがあります。その意味のものであるものがあります。その意味のものがあるという状態であるものがあります。

とはいえ、その多様な地図は常識や先入観を持たずに、自分が他者と接する様々な体験が、自分の地図を更新していくということになります。その地図を総体としてその人らしさ、個性と言っていいでしょう。人間というのは、自分だけの地図を持っているわけです。それぞれが、それぞれの地図を描いているということになります。その個性のバランスをそれぞれのものにしていくということになるでしょう。

人間というのは、自分だけの地図を回収する範囲を整理し、今、自分がどのバランスの中にあるのかを自覚し、自分の中にある矛盾するものを自覚しているということになるでしょう。

それぞれ人間だけがある自分の地図があるわけです。それぞれの人それぞれの地図に描かれているのであって、それをそれぞれに秘められた濃縮であるわけです。それを他人と比較する

（光嶋裕介「建築という対話　僕はこうして家をつくる」より）

（注）光嶋裕介（みつしまゆうすけ）―建築家。

1　——ⓐ　ⓑ　ⓓ　ⓕ の部分の漢字の読み方を書きなさい。

マ　ヤ――ケッチ――様々な色模様や床の石がたとえられる「健築物」の意味に立場。
ソ　ストローイング――地図や床の色模様や床の石がたとえられる「健築」の意味。
ド　ストーリー――物事に対する「健築物」の構想を描いた様子。
ス　ドラマ――建築の意味を考えて、自分なりの「総合」の態度。

2　——ⓓ「表れる」、ⓕ「生える」の品詞についての説明として最も適当なものは、次のア～エのうちではどれか。一つ選び、記号を書きなさい。

ちらも「入れる」は動詞である。ⓓは動詞であり、ⓕは動詞である。
それぞれ「表れる」「生える」の品詞についての組み合わせとして最も適当なものは、次のⅠ・Ⅱのうちではどれか。

	Ⅰ	Ⅱ
ア	他動詞	他動詞
イ	他動詞	自動詞
ウ	自動詞	他動詞
エ	自動詞	自動詞

3　「ⓐ……」とあるが、それはなぜか。その理由を説明した次の文の　Ⅰ　Ⅱ　に入る最も適当なことばを、本文中から Ⅰ は漢字二字で、Ⅱ は十字で抜き出しなさい。

真の創作とは呼べない。

ですから、理由を説明した次の文の　Ⅰ　　Ⅱ　のように考えられ。

の奥底に存在しているものによって着想を得た作品だけだから。

イ　何かを生み出すということは、先人たちから得てきた情報の蓄積が、無意識のうちに自分の中で再構成され表出することだから。

ウ　自分が意識せずつくり上げたものでも、世の中に多くの作品が存在することで、結果的に似通ったものにならざるを得ないから。

エ　創造という営みは、人生で影響を受けてきたものを記憶の中から意図的に選択して、孤独な作業で形にしていくことであるから。

4　「ⓒ自分の中に……つくる」とあるが、これがどういうことかを説明した次の文の □ に入れるのに適当なことばを、文章中から八字で抜き出して書きなさい。

□□□□□□□□

芸術や日常の会話などを通して得たさまざまな体験がつながっていくことで、 □ に対する理解が深まっていくということ。

5　「ⓔ自分の地図が……変化し続ける」とあるが、これがどういうことかを説明した次の文の X 、 Y に入れるのに適当なことばを、 X は文章中から八字で抜き出して書き、 Y は四十字以内で書きなさい。

X　□□□□□□□□

Y　□□□□□□□□□□□□□□□□□□□□
　　□□□□□□□□□□

今の自分の中では理解できないものや矛盾しているものでも、すべて自分自身を成り立たせているものとして、 X ということに、常識や先入観にとらわれることなく、 Y ということ。

6　この文章の構成と内容の特徴について説明したものとして最も適当なのは、ア〜エのうちではどれですか。一つ答えなさい。（　　　）

ア　冒頭に筆者自身の経験を述べることにより、常に他者と共同作業で作品づくりをすることが重要だという主張に説得力をもたせている。

イ　接続詞を効果的に使用することにより、若い時の自分というものがどれほど不完全な存在であるかという事実を筋道立てて述べている。

ウ　知らない街を訪れる場面を読者に想像させた上で、様々な情報が書かれた地図が街の詳しい把握には役立つという主張を展開している。

エ　自分にとっての「モザイク状の地図」の意義を述べた上で、それは他者や建築を理解する場合にも重要なものであると結論づけている。

次の文章を読んで、あとの問いに答えなさい。

6　（宮城）

呼吸は、食事や文章を読むことと同じように、繰り返し行われる、生活の中にある習慣である。寝たり起きたりするのと同じように、散歩やジョギングなどで呼吸が変わることはあっても、呼吸は繰り返し行われる。そういう繰り返し行われる呼吸と同じような性質を、対話はもっている。

独りでするのは呼吸とはいえない。対話はいつも言葉を変えながら繰り返される。言葉を変えながら繰り返すというのが対話の本質的な行為であって、誰かが言葉を発し、それを受け止めて言葉を返す、という繰り返しの中に対話は留まる。相手の言葉を受け止め、その言葉に呼吸を合わせて、呼吸の深さを探りながら言葉を返す。呼吸が合うと、お互いの経験の深さに達することができる。呼吸が合わないと、対話は袋小路に入り込んでしまう。独話は危険である。

だが、対話というものは、①声が立つのは会話であるから、会話はお互いに耳に届く程度の声を出す。一方、書くという行為は、大きな声を出して原稿を書くこともあるが、多くは黙って書く。黙って読むことと黙って書くこととは、近いようでいて異なる。相手の好きな書物を読むと楽しいように、隣の人が書いた文章を読むことは楽しい。

②点が接するのは、お互いに近い立場にいるからである。相手が自分と近い言葉で語り、状況を語っているから、その言葉が受け止めやすい。そして自分もまた相手に近い言葉で語り返す。相手の言葉を受け止め、自分の言葉を語り始めるのは、対話が繰り返されるからである。

「読む」という本質的な意味は、過去の賢者の内面に届けられた声を受け止めることである。先に述べたように、相手が語った言葉を受け止めるという対話的な行為が、ここでは「読む」と述べられている。「対話」は「会話」と訳され、それは別の言葉でもある。

③親しく語り合うように本を読むというのは、良書を読むことは、過去の世紀の最上の人々と語り合うことである、しかもその会話では、その著者たちの思想のうち最も優れたものだけを見せてくれる、という近代哲学のよりどころにおいて、お人々にもいえるように、相手の言葉を伝えてくれる読書は言葉を「念う」という、デカルトの思想のことである。次の対話

薬を吸収するように本を読むというのは、「読む」ことである。それは「書く」と「読む」とはまったく呼吸の異なる、呼吸の合った関係であるというように、本を読むことは「読む」という営みである。それは身体を使った世界への働きかけであり、「読む」「書く」「言う」は④「読む」と言う。

何よりそれだけ深く読んだだけ、深く読んだ人だけにその経験は多くの本を読む人にはデートが送られてくるように、「語」が生起し届く。そのように、その経験は多くの本を読む人にだけのものである。

法に受け身で考えるのではなく、デカルトが考えているように、その本質は「読む」意味においてだけにあるのではなく、先に述べた親しく語り合うという対話、「会話」と訳され

（デカルト『方法序説』谷川多佳子訳）

い。それでは吸うてばかりいることになる。

　書くことにおいても同じで、深く書きたいと思って、多く書いてもあまり功を奏さない。深く「読む」ために深く「書く」必要がある。

　「読む」を鍛錬するのは「書く」で、「書く」を鍛えるのは「読む」なのである。「読む」と「書く」を有機的につなぐことができれば言葉の経験はまったく変わる。それを実現する、もっとも簡単な行為は、心動かされた文章を書き写すことなのである。

　傍線を引くだけでなく、その一節をノートなどに書き記す。こんなに素樸な行為だが手応えは驚くほど確かだ。

　「十読は一写に如かず」ということわざもある。一度書き写す、それは十回の読書に勝る経験になる、というのである。

　近代以前の日本では、多くの人にとって、本を読むとは、持っている人から借りて、それを書き写すことだった。「読む」と「書く」を同時に行うことによって初めて「読む」という行為が始まる。それが常識だった。

（若松英輔「読書のちから」より）

＊をつけた語句の〈注〉

袋小路──ここでは、物事が行き詰まった状態のこと。

デカルト──十七世紀に活躍したフランスの哲学者。

生起──ある物事が現れ起こること。

功を奏さない──成功しない。うまくいかない。

有機的──多くの部分が結びついて全体をつくり、互いに関連・影響し合いながらまとまっているさま。

素樸──素朴。

1　本文中に「①奇妙なもので」とありますが、筆者がこのように述べる理由を説明したものとして、最も適切なものを、次のア〜エから一つ選び、記号で答えなさい。（　　　　）

ア　会話とは、誰かと言葉を交わすことであるにもかかわらず、互いが一方的に話していてもいうに成り立つものであるから。

イ　会話は、互いが一方的に話していてもいうに成り立つにもかかわらず、話し手と聞き手が必要だと考えられているから。

ウ　会話とは、互いが一方的に話していてもいうに成り立つものであるにもかかわらず、独話とは異なると思われているから。

エ　考えが浅いままの独話はすぐに行き詰まるにもかかわらず、会話ならば、互いが一方的に話していてもいうに成り立つから。

2　本文中に「②こうしたことをどんなに繰り返しても、けっして対話にはならない。」とありますが、次の文は、「対話」と「会話」について、筆者の考えを説明したものです。□にあてはまる適切な表現を考えて、二十字以内で答えなさい。

☐☐☐☐☐☐☐☐☐☐☐☐☐☐☐☐☐☐☐☐

　「対話」は、他者と言葉を交わすという点では「会話」と共通するが、□という点で、「会話」とは異なるのである。

3　本文中に「③『読む』という営みも対話的に行われなくてはならない」とありますが、次の文は、「『読む』という営み」について、筆者の考えを説明したものです。あとの(1)(2)の問いに答えなさい。

　対話的に行う「読む」という営みは、書物から読み取ったことを踏まえて、[A]を「書く」という方法を用いて[B]に語りかけることによって成り立つのである。

(1)　[A]にあてはまる言葉を、本文中から十二字でそのまま抜き出して答えなさい。☐☐☐☐☐☐☐☐☐☐☐☐

(2)　[B]にあてはまる言葉として、最も適切なものを、次のア〜エ

4　本文中の──④『読む』とは言葉を吸い出すこと、『書く』とは言葉を送り込むこと、とあるが、その説明として最も適切なものを、次のア～エから一つ選び、記号で答えなさい。（　　　）

ア　その書物の登場する記号を答えた人
イ　その書物を読んだ人
ウ　その書物を読んだ人
エ　その書物を読んだ人

ア　「読む」とは必要な言葉を吸い出し排出すること、「書く」とは不要な言葉を取り込み送り込むことだから。

イ　「読む」とは多くの言葉を取り込むこと、「書く」とは必要な言葉を取り込み送り込むことだから。

ウ　「読む」とは言葉を取り込むこと、「書く」とは多くの言葉を取り込み送り込むことだから。

エ　「読む」とは言葉を吸い出すこと、「書く」とは言葉を取り込み送り込むことだから。

5　本文を通して、筆者は言葉を、身体を使って「読む」とはどういうことだと捉えているか。「事」という言葉を使って、五十五字以内で説明しなさい。

Ⅱ

　わたしたちがすすんでデータへと具体的なおおまかな場合でも、ある方がおもしろくなるということはえてしてしまうという気がする。完全にステレオタイプ的に車純化される部分に意味を隠してしまう。印象的な部分に意味を隠してしまう。情報文字ともに必要な絵文字は

隠喩的なやすさへの具体的な意味が強い

　総文字ともに処理スピードがはやいナチュラルに連想がおきやすいテキスト・印象の残る。

　細長い煙は「煙草」として共有されているその先端部から多数のわたしたちの共通の知識がわかるたとえば単純化する一般的な知識には──②細かく描出すること、それによって多くの意味が伝わる単純化する細かくそのためのデータを参照するためにはイメージのよりそれが描出する──①総省かれたようにすべての人々がそうなるのではというイメージのより単純化する複雑な模様が

　「煙草」という言葉がそれが描出する一般的な知識の人々に伝わりえる

真実は細かく三本の線に描かれだからその絵は真実のその細部まで省かれたように細かく筆数がそれほど多くないのにそれでも細かい線をたくさん描くよりも三つの線で絵が描かれた──「三体画譜」という絵本が

　鑑賞されたようにして、真・行・草として葛飾北斎の『北斎漫画』を同じように答えなさい風景や人物、動植物などを単純化して描く真実の写実的に動植物は詳細に描かれます動植物が描かれまして、人々が動植物の真実の詳細に描かれたように、それら単純化少行は植物

（北海道）

7　次の文章を読んで、あとの問いに答えなさい。

さらに、デザインではなくアートになると、むしろどちらかにステレオタイプでないものを抽出するかが肝心なのではないか。

抽象絵画の祖とされるカンディンスキーのエピソードがある。

カンディンスキーは、ある日、自分のアトリエにすばらしい作品があるのを見つけた。なんの絵かわからないけれど、Ⅲ傑作だ。近づいてみると、それは横向きに立てかけたタテの絵だった。そして、タテだとわかったとたん、絵の魅力は一気に失せてしまった。

そこからカンディンスキーは抽象表現に向かっていく。安直な意味は鑑賞のじゃまになるのだ。

言葉をもった人間は、目に入る物を「なにか」としてラベルづけして見ようとする癖がある。つまり意味処理しようとするのがふだんの「見る」だとしたら、アートのツボの一つは、わたしたちに「見る」をさせないことにあるように思う。

作品に表現された物は、既存のスキーマから外れていたり、「なにか」であること自体を拒否したりする。そのときわたしたちは「なにか」として「見る」のをあきらめて、その形や色や質感をそのままじっくり「視る」。そうして作品と向きあううちに、埋もれていた記憶が掘りおこされたり、思いがけない連想がつながって自分なりの意味が見出されたりする。それが「観る」という主観的な体験ではないかと考えている。

だから③抽象表現主義の作品や抽象的な現代アートと向きあうときは、自分と向きあっているような、ほとんど瞑想をしているような気分になる。

意味ではない部分、それも自然からぎゅっと凝縮されたエッセンスが抽出されていると感じるのが、熊谷守一の作品だ。ネコ、アリ、石ころ、雨粒。晩年の作品ほど、より単純化された線や形で、色もべたっとぬり

じめである。

でもそれは、ピクトグラム的な抽出とはまるで違う。一匹一匹、一粒一粒、それぞれの一瞬の動きや存在のおもしろさが抽出されているように感じる。一見単純な形や色に表現されているのは、むしろ自然の多様さや複雑さの方だ。

毎日飽きもせず、アリ石ころをじっと見つめていた人にしか描きだせないものだろう。とことん「視る」ことではじめて見える世界を、作品をとおして垣間見せてくれる。

文章を書くときにも、必要な情報を単純にわかりやすく、と意味だけ抽出するとつまらなくなる。

書く過程は、ぼんやりした考えを言葉に抽出している感じもある。書いて、削って、書いて、削って、と繰り返す過程でほり出されてはじめて、こんな成分が含まれていたのか気づくことも多い。

意味の外にあるおもしろいものを抽出できるように、④複雑な自然を複雑なまま「視る」目を養っておきたい。

（齋藤亜矢「ルビンのツボ—芸術する体と心」より）

（注）

アップデート——最新のものにすること。

アトリエ——画家などの仕事用の部屋。

エッセンス——最も大切な要素。

1 次の(1)、(2)に答えなさい。

(1) ——線Ⅰ「極細」と同じように、重箱読みをする熟語を、ア〜エから一つ選びなさい。（　　）

ア 若者　　イ 所望

ウ 手帳　　エ 額縁

2　──線①「三体画」総Ⅲ の読みを書きなさい。

（　Ⅰ　　Ⅲ　　Ⅲ　）

筆者は『三体画』総Ⅲ の複雑さを書きあらわすのが真にあるものを書きあらわすことをあげて、それが何が伝わるのかを考え、それが何が伝わるかを考え、それが何が伝わりますが、筆者

3　──線②「単純化」について、二十字程度で書きなさい。

単純化とは、二十字程度でおさめること。

4　──線③「抽象化」とは、単純化させただけとはちがう「……」とあり、気分になるサインをし、八十字以内で書きなさい。

ピクトグラムは「単純化」させるという目的として[1]

アイコンやピクトグラムが次のような「[2]」を抽出する

(1)

(2)

5　──線④「複雑な自然観の様な目を養う」とあるが、これについて筆者はどのように考えていますか。最も適当なものを、アからエから選びなさい。

抽象表現主義の作品や抽象的な現代アートは『複雑な自然観の目を養う』ため「整理」

語を使う気分になるという……

解釈に委ねられていることが筆者の気分になるところに示した表現は述べる「複雑な自然観の目を養う」ものを、目的としている

筆者は考えますが、このような目を養うということは

（　　　）

(1)　考えて十五字以上、二十字以内で書きなさい。本文中から

(2)　

ア　対象の多様な構成要素や様性を一般化する見て対象へと、対象の外にある意味を構成する対象の

イ　あるように何であるかを捉え、対象を単純化したため多くの人がわ

ウ　あるように単純化したものであるため、それを認知する必要があるとし、一般化する見て抽象し出すのではなく、意味の外にある

エ　それぞれの意味の多様さを一時的に抑えることにより、見えてくるのは繰り返しとして言葉のそのままを抽出しているのであり、対象の気分への気づいてしまうのだが、それを言葉のまま捉えることにより、意味の外にある

次の文章を読んで、あとの1〜10の問いに答えなさい。なお、①〜⑦は段落につけた番号です。　　　　　　　　　　　　　　　　　　（香川県）

① 私たちの一人ひとりは、ただ個人として在るのではなく、ばかりか単に集団の一員として在るのでもなくて、①意味を持った関係のなかにある、ということを言わなければならない。だからこそ、自分では社会や政治にまったく関心を持たなくとも、私たちはそれと無関係でいることはありえないことにもなるのである。むろんそれは、物理的、自然的な関係ではなくて、意味的、価値的な関係である。そうした関係のなかでは、すべての態度、なにもしないことさえ、いわば一つの行為になり、なんらかの意味を帯びてくる。

② そのことをきわめて鋭くとらえ、表わしているのは、現代芸術である。たとえば或る画家は、白い便器になにもaカコウせずにそのまま「泉」と名づけて、展覧会に出品しようとした（マルセル・デュシャン）。また或る作曲家は、ピアニストに対して演奏会場のステージのピアノの前に②おもむろに腰を掛けるなり、四分三十三秒間なにもしないままでいるように指示し、その間にきこえてくる自然音を聴衆の耳を傾けさせて、それを「四分三十三秒」と名づけた（ジョン・ケージ）。bイレかワった、この二つの例が現代芸術にとって画期的な〈作品〉であるとされるのも、そこにあるのが単なる奇抜な思いつきではなくて、それを考えたものだからであろう。展覧会場や演奏会場という特定の意味場そのものを生かして、いくらにや表現することのなんたるかを、根本から問いなおしたものだからであろう。

③ このように私たち人間にとって、なにかをつくり出したり表現したりすることは、なんら特別のことではない。③それは、生きるということにほとんど同義語でさえある。

④ ところで私たちは、そのようにして生き、なにかをつくり出し表現していくとき、否応なしに、日常生活のなかで自己をとりまくものについて、自分の感じたこと、知覚したこと、思ったことのいっさり、それらを出発点としないわけにはいかない。もっとも能動的な制作や創造や表現についても、やはりそうである。もとより複雑化した世界にc セッキョク的に対処して活動するためには、いろいろそれなりに立ち入った知識や理論や技法が必要とされるだろう。けれどもそれらの知識や理論や技法が、日常生活のなかで何気なしに自分の感じ、知覚し、思ったことと結びつくことなしには、生かされることができない。たとえ、それ自身としてどんなにすぐれた知識や理論や技法であっても、その結びつきを欠くときには、④現実と十分に嚙み合わず、宙に浮いてしまうことになるだろう。それが私たちにとって内面化されず、私たち自身のものにならないからである。知恵の喪失といわれることもそこから出てくる。

⑤ いや、そもそも、知識も理論も技法も私たちの一人ひとりによってよく使いこなされてはじめて、すぐれた知識、理論、技法になりうるのだから、d ゲンミツにいえば、およそ私たち一人ひとりの日常経験とまったく切り離された、それ自身としてすぐれた知識や理論や技法などというものは、どこにも存在しない。

⑥ にもかかわらず、通常私たちは、それらを日常の経験とはまったく別個の、独立したものとして考え、⑤とらえている。どうしてであろうか。それはなにより、日常経験の上に立つ知が〈常識〉として□□□□□にとらえられたからであろう。私たち一人ひとりの間では日常経験は一般に共通性と安定性を持つものとしてあるが、そのような共通性と安定性の上に立った知としての常識である。その共通性と

ぎやかで華やかに感じられたりするのは、そのことと関係する。

（中村雄二郎「共通感覚論」による。一部省略等がある。）

⑦　きまって裏切られる。〈作品〉は自明なものではなく、日常経験の自明性を突き破って、そこにひそむ未知の意味を露呈させる。それというのも、芸術〈作品〉は、日常経験の自明性を逆なでしながら、その日常経験の自明性の根底そのものを揺さぶるからである。だから、芸術〈作品〉に深く興味をひかれ信頼するということは、日常経験の自明性を信頼しないということにほかならない。その場合、芸術〈作品〉として成立しているかどうかは、日常経験の自明性を根底において信頼させるものであるかどうか、そのことにかかっている。

さて、私たちは日常、常識という名の自明性を破って新しい世界へと導いてくれるものに、つよく興味をひかれるが、その自明性の根底をなし自明性の土台となっているものは、常識の知であり、社会や文化の日常的共通感覚である。

⑦　そこで、私たちの社会や文化の日常的共通感覚を破ってくれるものに深く興味をひかれるということは、私たちの社会や文化の日常的共通感覚を信頼しないということである。このように、私たちの社会や文化の共通感覚の上に立っている日常的な知のあり方、その土台の上に立っている日常的な知のあり方、その土台の上に立っている知のあり方を、私たちの社会や文化の日常的共通感覚といってもよい。

⑦　結局、私たちがまとまりを持ち、経験される知であるかぎり、また、理論や技法が経験される知であるかぎり、それらの知識や理論や技法は、日常経験の知の範囲に広く開かれていることによって有効性を持つ。知識や理論や技法が高度に独立し、それらの知識や理論が他の分野へと広く開かれていることによって、それらの知識は、より高度の独立した別個のものとして、⑥　　　　と入り立つ上に、私たちの社会や文化の日常的共通感覚から経験の知に立って、より高度の独立した別個の知識や理論や技法が、それらの社会や文化の日常的共通感覚の上に立って、また、その限りにおいて、人々の経験される知の常識として、まとまりのある知識やまとまりとして、日常経験の知識や理論や技法が経験される知識や経験の知に立って、日常的共通感覚に立って、それらが経験の知に立って、私たちの社会や文化の日常的共通感覚から知れ

ウ　私たちは、人とは異なる集団の中で生活するために、自分の生きる目的を理解する必要が

イ　うつろいやすい他者からの評価を得ることはむずかしく、自己表現として最も適当な

ア　そのなかで筆者がもっとも主張したいことは

③　　④式　として着きエ　落ち着き

①　ら私たちは、日常生活の中で記号を使いながら、

（　　）

4　慌ただしくウ　おしだしエ　選んで

ウ　私たちはそのように意味を変化させながら

エ　社会としてのあり方を示すことで、自己の存在価値を発見する

①　　②　　　に入る言葉として最も適当なものを、次のア〜エから一つ選び、記号を書きなさい。（　　）

3　おのずからア　あるいは

イ　わが身がなぜ書かれたのか

ウ　私たちが自らの意思を他者に示す態度として

エ　社会として周囲と新たな関

2　　①　　に入る言葉として最も適当なものを、次のア〜エから一つ選び、記号を書きなさい。（　　）

イ　わが身がなぜ書かれたのか

1　——a〜dの漢字の読み

a（　　）b（　　）c（　　）d（　　）

大阪府公立高入試 対策問題集

各分野に特化した対策問題で得点を伸ばす！

● 発売中 大阪府公立高入試 数学B・C問題 図形対策問題集 改訂版

B5判　定価 1,320円（税込）　ISBN：9784815435578

数学B問題・C問題において、図形は全体配点に占める割合が大きく、点数の差がつきやすい単元です。図形のみにクローズアップして作成した本書は図形を得点源にするための対策問題集です。

平面図形、空間図形では「入試のポイント」「基本の確認」「難易度別演習」を掲載。「相似」「三平方の定理」「円周角の定理」を含む図形の応用も徹底演習できます。

大阪府公立高入試
数学B・C問題
図形 対策問題集 改訂版
平面図形と空間図形の応用問題を
データ×知識で完全マスター
別冊 解説・解答

● 発売中 大阪府公立高入試 英語C問題 対策問題集 改訂版

B5判　定価 1,320円（税込）　ISBN：9784815435561

英語C問題では、問題文を含めすべて英語で構成されています。また、問題も難易度の高いものが多く出題されています。

 英語C問題に特化したGrammar（文法）、Reading（読む）、Writing（書く）、Listening（聞く）問題を集中して学習できます。

リスニング音声（WEB無料配信）

大阪府公立高入試
英語C問題 対策問題集 改訂版
英語リスニング音源
スマホやタブレットで聞ける！
別冊 解説・解答

NEW 大阪府公立高入試 英語B問題 対策問題集

B5判　定価 1,320円（税込）　ISBN：9784815441579

過去の出題を徹底分析し、英語B問題の出題傾向に焦点をしぼった問題集です。「会話文」「長文総合」「英作文」「リスニング」の各分野についてB問題の傾向や難易度に合わせた演習ができます。

リスニング音声（WEB無料配信） 2024年7月中旬発刊予定

大阪府公立高入試
英語B問題
対策問題集
英語リスニング音源
スマホやタブレットで聞ける！
英語Bでは聴きとれる「会話文」「長文読解」「英作文」
（リスニング）を本番に向けて実践演習できる問題集
別冊 解説・解答
長文・リスニングの全訳付

大阪府公立高入試　国語C問題
対策問題集　NEW

B5判　定価 1,100円（税込）　ISBN：9784815441586

傾向に合わせて国語の知識、長文読解、古文、作文の演習問題を厳選。ワンランク上の読解力、表現力を鍛えます。

💡 国語C問題では、作文や記述量の多さがポイントです。

2024年7月中旬発刊予定

大阪府公立高入試　社会
形式別対策問題集　NEW

B5判　定価 1,100円（税込）　ISBN：9784815441593

大阪府公立高（一般入学者選抜）で得点アップを目的とした問題集です。過去の正答率を基に分析し、特に取りこぼしやすい形式の問題を集めました。

💡 「統計資料の読み取り」や「短文記述」など、対策必須の問題を収録しています。

2024年7月中旬発刊予定

大阪府公立高入試　理科
形式別対策問題集　NEW

B5判　定価 1,100円（税込）　ISBN：9784815441609

大阪府公立高（一般入学者選抜）で得点アップを目的とした問題集です。過去の正答率を基に分析し、特に取りこぼしやすい形式の問題を集めました。

💡 必須の「知識問題」から「表・グラフの読み取り」、さらには「考察問題」や「新傾向問題」まで幅広く網羅しています。

2024年7月中旬発刊予定

✧ 好評につき4点新刊 ✧
対策問題集 全6点発売！

中学・高校入試「赤本」の
英俊社

詳しくは英俊社の
HPをご確認ください。

あると考えているから

エ 私たちの行為は全て芸術的な表現であり、あらゆる人の人生は芸術だと考えているから

5 ④に現実と十分に噛み合わず、宙に浮いてしまうことになるとあるが、筆者が、知識や理論や技法が現実と十分に噛み合わず、宙に浮いてしまうことになるといっているのはどうしてか。「知識や理論や技法が」という書き出しに続けて、日常生活という語を用いて七十字以内で書きなさい。

知識や理論や技法が ［＿＿＿＿＿＿＿＿＿＿＿＿＿＿＿］
［＿＿＿＿＿＿＿＿＿＿＿＿＿＿＿＿＿＿＿＿＿］
［＿＿＿＿＿＿＿＿＿＿＿＿＿＿＿］ため

6 ⑤のとらえの活用形を、次のア～エから一つ選んで、その記号を書きなさい。（　　　　）
ア 未然形　　イ 連用形
ウ 連体形　　エ 仮定形

7 本文中の□内に共通してあてはまる言葉は何か。次のア～エから最も適当なものを一つ選んで、その記号を書きなさい。（　　　　）
ア 否定的　　イ 効果的
ウ 固定的　　エ 総合的

8 ⑥に立ち入った専門的な知識や理論や技法とあるが、専門的な知識や理論や技法とはどのようなものであると筆者はいっているか。それを説明しようとした次の文の□内にあてはまる最も適当な言葉を、本文中からそのまま抜き出して、十五字以内で書きなさい。
［＿＿＿＿＿＿＿＿＿＿＿＿］
特定の社会や文化においてのみ通用する日常経験の知と異なり、

［＿＿＿＿＿＿＿］も

9 ⑦にさきにふれたデュシャンとケージの企てとあるが、筆者は彼らの企てを、どのようなものだととらえているか。それを説明しようとした次の文のア・イの□内にあてはまる最も適当な言葉を、アは第❶段落～第❸段落の中から、イは第❹段落～第❼段落の中からそのまま抜き出して、アは十字以内、イは三十字以内でそれぞれ書きなさい。
ア ［＿＿＿＿＿＿＿＿＿＿＿＿＿＿＿＿＿＿＿＿＿＿＿＿＿＿＿＿＿＿＿＿］
イ ［＿＿＿＿＿＿＿＿＿＿＿＿＿＿＿＿＿＿＿＿＿＿＿＿＿＿＿＿＿＿＿＿］

筆者は、デュシャンとケージの企てを、展覧会場などの芸術がなされる場での行為の本質を ［ ア ］ ことによって、芸術における ［ イ ］ ものだととらえている

10 本文を通して筆者が特に述べようとしていることは何か。次のア～エから最も適当なものを一つ選んで、その記号を書きなさい。（　　　　）
ア 社会と無関係には生きられない人間という存在を自覚し、社会に浸透している知識を生活の中で生かすことも重要である
イ 高度な知識は特別な文化や社会の中でしか成立しないため、人間と社会の関係をとらえ直し改めていくことが求められる
ウ 人間は社会との関係の中に生きていることを認識し、何の疑問もなく受け入れてきた事柄を見つめ直すことも大切である
エ 人間と社会の関係が人間同士の関係に与える影響の強さを理解し、社会通念の正しさを確認していくことが必要とされる

四　古文

1　次の文章を読んで、あとの問いに答えなさい。答えの字数が指定されている問題は、句読点や「　」などの符号も一字に数えなさい。（注）

（長崎県）

今は昔、木こりの、山守に斧を取られて、わびし、心憂しと思ひて、頬杖つきてをりける。山守見て、さるべき事を申せ、取らせんと言ひければ、うれしと思ひて、

　　悪しきだになきはわりなき世の中によきを取られてわれいかにせん

と詠みたりければ、山守返しせんと思ひて、「ううう」とうめきけれど、え詠まざりけり。さて斧返し取らせてければ、うれしと思ひけりとぞ。

人はただ、歌を構へて詠むべしと見えたり。

（「宇治拾遺物語」より）

```
悪いものだけでもなくなっては困ってしまうこの世の中で、よいものを取られてしまっては私はどうしたらよいのだろう。
```

注(1)　山守…山の番人。
注(2)　斧…小型の、山仕事に使う斧。
注(3)　斧…

1　——線部①の読みを現代かなづかいに直して、ひらがなで書きなさい。
（　　　　　）

2　——線部②のおける山守の心情をすすめるように十五字以内で書きなさい。
□□□□□□□□□□□□□□□□□□□□

3　——線部③の主語として最も適当なものを、次のア〜エから一つ選び、その記号を書きなさい。
ア　木こり　　イ　山守　　ウ　世間の人　　エ　作者
（　　　　）

4　次は、本文について、先生と生徒のAさんとBさんが会話している場面の一部である。

先生　この和歌には、どのような言葉の工夫があるのかな。

Aさん　和歌の中で □ という言葉が気になりました。

Bさん　「斧」という言葉を直接書かずに、「よき」という言葉を使って、木こりが困っている様子が伝わってきます。

先生　そうだね。「よき」には二つの意味が込められているよね。

Aさん　ひらがなで書くと「よき」は、木こりから奪われた「斧」のことだと考えられます。

Bさん　漢字を当てはめると、前半部分の言葉に気をつけて読み取れるかな。

先生　それでは、「よき」という言葉に注目して、この和歌に込められた二つの意味を考えて、その理由を書いてみよう。

2 次の文章をよく読み、あとの問いに答えなさい。（常翔啓光学園高）

　昔、男ありけり。奈良の京は離れ、①この京は人の家まだ定まらざりける時に、西の京に女ありけり。その女、世人にはまされりけり。その人、②かたちよりは心なむまさりたりける。ひとりのみもあらざりけらし。それを、かの③まめ男、うち物語らひて、帰り来て、いかが思ひ ii けむ、時は③やよひのついたち、雨そほ降るにやりける。

　　　起きもせず寝もせで夜を明かしては　A　のものとて④ながめ暮らしつ

（「伊勢物語」より）

〔語注〕

＊1　奈良の京……平城京

＊2　ひとりのみもあらざりけらし……通って来る男がいたようだ

＊3　かのまめ男……あのまじめな男

1 傍線部 i・ii の読みを現代仮名遣いに直し、それぞれひらがなで答えなさい。 i（　　　）ii（　　　）

2 傍線部①とはどういうことか。その説明として最も適切なものを次から選び、記号で答えなさい。（　　　）

ア 平安京には人家がまだきちんと整っていなかったということ。

イ 平城京には人家がまばらに建っていたということ。

ウ 平安京にはまだ男の家ができていなかったということ。

エ 平城京にはまだ人の家がたくさん残っていたということ。

オ 平安京には人家が多く建ってにぎわっていたということ。

3 傍線部②の現代語訳として最も適切なものを次から選び、記号で答えなさい。（　　　）

ア 男よりも性格のすぐれた人であった。

イ 男よりも顔立ちのすぐれた人であった。

ウ 顔立ちよりも性格のすぐれた人であった。

エ 顔立ちも性格も十分に優れた人であった。

オ 顔立ちが格別にすぐれた人であった。

4 傍線部③は旧暦の何月にあたるか。漢字で答えなさい。（　　　月）

5 空欄 A に入る季節を漢字一字で答えなさい。（　　　）

6 傍線部④は、同じ音を利用して二つの意味を言い表す「掛詞」の技法が用いられている。次の文章の空欄に当てはまる語句を漢字二字で答えなさい。 □□

　　　花の色は移りにけりないたづらにわが身世にふるながめせしまに

　これは『古今和歌集』にある小野小町の和歌で、「降り続ける『ながめ』の時期に花の色が色あせていくのを『ながめ』ているうちに自分もすっかり衰えてしまったよ」という感情が詠み込まれたものである。傍線部④と二重傍線部の「ながめ」には共通して、一つは「□□」、もう一つは「眺め」という意味が掛けられている。

7 この作品は平安時代に成立したとされる。同じ時代に成立した作品として適切ではないものを次から一つ選び、記号で答えなさい。（　　　）

ア 『竹取物語』　イ 『土佐日記』　ウ 『源氏物語』

エ 『枕草子』　オ 『徒然草』

3 次の文章を読んで、あとの問いに答えなさい。（山形県）

去りし頃（昔）、やごとなき君の御鎧を虫干しありし時に（ある高貴な君主の鎧を家来が虫干ししていた時に）、一領（一着）の御鎧の縅の糸いかにしてか損じけん（どのようにしてほころびたのだろうか）、多くほつれてありけり。かの君は何心なく虫干しの席へいたらせたまひて、御鎧を見そなはして（ご覧になって）、①もつての外に御気色あしく（きわめてご機嫌が悪くなり）、近習の人々（君主の近くに仕える人々）に向かはせられ、我が鎧さへかくのごとくなれば（このようであるから）、家来の鎧は思ひやらるることぞかしとのたまひけり。御側近く控へし何某（ある家来）は、恐れ入りつつも取りあへず（すぐに）、

②朽ちぬともよしや鎧の縅糸また乱れん世にしあらねば（朽ちてしまってもよいことです、鎧の縅の糸は。再び戦乱が起こるような時代ではありませんから。）

と治まる御代のそのままを祝し寿き奉りしかば（平和に治まっている時代のありのままの様子をお祝い申し上げたので）、君も御機嫌の直らせられけり。その係の人々も御咎め（罰）をのがれ、いとありがたく覚え、早々に御武具の破損を調へ備へて③怠らざりしとなん（怠りなく仕事に励んだということだ）。（「閑窓瑣談」より）

〔注〕
＊虫干し＝衣類などが虫に食われるのを防ぐために、日陰で風に当てて干すこと。
＊縅＝鎧の板をつづり合わせるひも。

1 ～～～部「たまひて」を現代かなづかいに直し、すべてひらがなで書きなさい。（　　）

2 ――部①における「君」の心情を説明したものとして最も適切なものを、次のア～エから一つ選び、記号で答えなさい。（　　）

ア 君主である自分の鎧でさえ手入れが十分でないのだから、家来の鎧はなおさら手入れが十分でないだろうと思い、機嫌が悪くなっている。

イ 一着の鎧でさえ傷みを直すにはお金がかかるのだから、すべての鎧を直すにはたくさんのお金がかかるだろうと思い、機嫌が悪くなっている。

ウ 君主である自分の鎧は十分に手入れされていないのに、なぜ家来の鎧は丁寧に手入れされているのだろうと思い、機嫌が悪くなっている。

エ 一着の鎧が傷んでいる原因もわからないのに、すべての鎧と武器を修理して戦に勝つことなどできないだろうと思い、機嫌が悪くなっている。

3 ――部②の和歌で、「何某」が「朽ちぬともよしや」と詠んだのは、自分たちが生きている時代を、どのような時代だと考えたからですか。現代語で書きなさい。
（　　　　　　　　　　　　　　　　）

4 ――部③について、「その係の人々」が怠りなく仕事に励むようになった理由を、次のような形で説明したとき、□に入る適切な言葉を、現代語で十字以内で書きなさい。［　　　　　　　　　　］

鎧の縅の糸がほころびていたことに対して君主が□ことを、とてもありがたく思ったから。

④　次の文章を読んで、あとの問いに答えなさい。（洛南高）

　まことや、この御時、一つの不思議ありける。上東門院の御方の御帳の内に、犬の子を生みたり　a　、思ひかけぬ　A　ありがたきこと　なり　b　、おほきに驚かせ給ひて、大江匡衡といふ博士に問はれ　c　ば、「これ、めでたき御吉事なり。犬の字は、大の字のそばに点をつけり。その点を上につけば、天なり。下につけば、太なり。その下に、子の字を書きつくれば、天子とも、太子とも読むべし。かかれば、太子生まれさせ給ひて、天子にいたらせ給ふべし」とぞ①申し　d　。

　そののち、はたして皇子御誕生ありて、B　ほどなく　位に②つき給ふ。後一条天皇これなり。匡衡、風月の才に富めるのみならず、③かかる心ばせも深かりけり。

（『十訓抄』巻一ノ二十一より）

注一　上東門院……藤原道長の長女で、一条天皇の中宮彰子。

注二　大江匡衡……平安中期の漢学者・歌人。

注三　風月の才……詩歌の才能。

1　　a　～　d　に「けり」を活用させて入れるとき、その答えの組み合わせとして正しいものを、次のア～オの中から一つ選び、記号で答えなさい。（　　　）

ア　a　ける　b　けれ　c　けら　d　ける
イ　a　ける　b　けれ　c　けれ　d　ける
ウ　a　ける　b　けれ　c　けら　d　けり
エ　a　ける　b　けれ　c　けら　d　ける
オ　a　けり　b　けれ　c　けれ　d　ける

2　～線A「ありがたき」・B「ほどなく」のここでの意味として最も適当なものを、それぞれ次のア～オの中から選び、記号で答えなさい。

A　ありがたき（　　　）

ア　めでたい　　　イ　賞美したい　　ウ　感謝すべき

エ　めったにない　オ　もったいない

B　ほどなく（　　　）

ア　驚いたことに　イ　最後には　　ウ　分別無く

エ　無難に　　　　オ　すぐに

3　―線①「申し」・②「つき」の動作の主体を、それぞれ文章中の二字のことばで答えなさい。①□□　②□□

4　大江匡衡は、犬が子を生んだことが、どうして「吉事」だと考えたのですか。次の説明の　(1)　～　(8)　にあてはまることばを、解答欄の字数に合うように文章中から抜き出して答えなさい。

(1)□□　(2)□□　(3)□　(4)□　(5)□□　(6)□　(7)□□　(8)□□

　(1)　の字は、　(2)　の字に　(3)　をつけるが、　(3)　を　(2)　の字の上につければ　(4)　になり、下につければ　(5)　になる。その下に　(6)　の字を続けて熟語を作ると　(7)　とも　(8)　ともなるので、　(8)　が生まれて　(7)　になると考えたから。

5　―線③「かかる心ばせも」とありますが、これはどのような心遣いですか。次の文の□□に二十五字以内のことばを入れて答えなさい。

奇妙な出来事について□□という心遣い。

5 次の漢文を読んで、その後の問いに答えなさい。

【漢文】（宮城県）

夫れ国を治むるは猶ほ
栽うるが
本根②
不　　則ち枝葉
君①　能く清静なれば
百姓　何ぞ安楽を得ざらんや

【書き下し文】

夫れ国を治むるは猶ほ樹を栽うるがごとし。本根②揺かざれば、則ち枝葉茂栄す。君①能く清静なれば、百姓何ぞ安楽を得ざらんや。

〈注〉
＊君……君主。
＊百姓……人民。

貞観政要「政要」より

---

1 書き下し文を参考にして、【漢文】中の「夫」に送り仮名を付けなさい。

【漢文】中の「夫」　夫

2 【漢文】中に付けられた（①）、（②）に入る語として最も適切なものを、それぞれ次のア～エから一つずつ選び、記号で答えなさい。

（①）
（②）

ア 「本根」……「君」
　「枝葉」……「百姓」
イ 「本根」……「百姓」
　「枝葉」……「君」
ウ 「本根」……「君」
　「枝葉」……「百姓」
エ 「本根」……「百姓」
　「枝葉」……「君」

---

3 次の対話は、【漢文】について【X】さんと【Y】さんが話し合ったものです。（1）・（2）の問いに答えなさい。

Xさん：この漢文の表現から読み取れるのは、「本根」である　A　が大切だということだね。つまり「本根」である「君」が安楽であれば……

Yさん：【漢文】の最後の「何ぞ安楽を得ざらんや」という表現から、「百姓」が安楽であるためには、「本根」である「君」が　B　という国を統治する考え方があるということだね。

（1）　A　に入る最も適切な表現を、【漢文】中から　A　という語を、　B　に入る内容を十字以内で説明できる言葉を書きなさい。

　A

　B

（2）【漢文】の論の進め方の特徴について述べたものとして最も適切なものを、次のア～エから一つ選び、記号で答えなさい。

ア たとえを用いているものの選び方が適切ではなく、主張と異なる意見を示した後でその根拠を示している。
イ 二つのものを対比することによって、主張をより分かりやすいものにしている。
ウ たとえを用いることによって、主張をより分かりやすいものにしている。
エ 話題となっているものを急に転換することによって、中心的な主張を読者の注意を引きつけている。

次のⅠ・Ⅱは、楊香という人物について書かれた漢詩と古文である。これを読んで、あとの問いに答えなさい。（福井県）

Ⅰ 楊香 〔書き下し文〕

深山逢白額　深山白額に逢ふ

努力搏腥風　努力腥風を搏つ

父子倶無恙　父子倶に恙無からん

脱身饞口中	身を饞口の中を脱る

〔現代語訳〕

深い山の中で白い額の虎に出会った。

力を尽くして、ものすごい鼻息でかかってくる虎を討ち取った。

父子はともに無事で助かった。

身を全うして、餌食をむさぼる口から逃れることができた。

Ⅱ

楊香は一人の父を持てり。ある時、父とともに山中へ行きしに、たちまち荒き虎あり。楊香、父の命を失はんことを恐れて、①虎を追ひ去らしめんとし、天の御あはれみを頼み、「ここにわが命を虎に与へ、父を助けてたまはれ」と、こころざし深くして祈りけれども、やがて天もあはれと思ひたまひけるにや、今まで……避ければ②文子ともに、虎口の難をまぬがれ、つつがなく家に帰り着きにけり。これ、ひとへに孝行のこころざし深き故に、かやうの奇特をも現はせるなるべし。

（「御伽草子集」より）

問

1　□の部分について、〔書き下し文〕を参考にして、解答欄の漢字に返り点を付けなさい。

脱身饞口中

2　波線の部分を現代仮名遣いに直して書きなさい。（　　　　　　　）

3　傍線の部分①の楊香の置かれた状況を表す言葉として最も適当なものを、次のア～エから一つ選んで、記号で書きなさい。（　　）

ア　安泰　　イ　好機　　ウ　窮地　　エ　混迷

4　山中で虎と出会ったとき、楊香はどのような行動をとったか。Ⅰの漢詩とⅡの古文における違いについて、解答欄に合うように現代語で書きなさい。

Ⅰ（漢詩では、　　　　　　　　行動をとった。）

Ⅱ（古文では、　　　　　　　　行動をとった。）

5　傍線の部分②について、作者は父子ともに無事に帰り着くことができた理由をどのように考えているか。解答欄の「と考えている」に続くように、三十字以内の現代語で書きなさい。ただし、解答欄の言葉は字数に含めない。

と考えている。

7 次の文章を読んで、あとの問いに答えなさい。

①貫之が馬に乗りて、和泉の国におはしますほどに、和泉の境なる蟻通（ありとほし）の明神のやしろのほどを、暗きに、え知らで通りければ、馬にはかに倒れて死にけり。いかなる事にかと驚き思ひて、火をともして見れば、神の鳥居の見えければ、神おはします所とは知りながら、②通りければ、神の御とがめにて馬の死にけるなり。

③これは、神おはしますとも知らで、御前を馬に乗りながら通りければ、神の御とがめとて、馬を死なすなりけり。「いかがすべき」とて、御社の神官（かんぎ）を呼びて問ふに、神官申すやう、「この明神は、④いやしからぬ心ざしあるものの、拝みたてまつらずして通れば、かくのごとくあるなり」と申しければ、貫之、手水（てうづ）をうがひて、⑤拝みたてまつらむとするに、いかにせむ、「⑥御託宣を得むこそゆかしけれ」とて、和歌を詠みて奉りける程に、神いみじくめでさせ給ひて、馬をたちどころに生かし給ひけり。

（立命館高）

1　——線①「俊頼髄脳」は、勅撰和歌集の撰者の一人によって変更したものと思われるが、その人物の都合により漢字の出題となり、この半分ほどはなほもあとのことを立ち入りに立てなさい。

2　——線②「馬」とあるが、この和歌集の書名を漢字で書きなさい。この字が死んで漢字として説明しなさい。
（　　　　　　）

3　——線③「いかがすべき」の意味として最も適切なものを次のア〜オから選び、記号で答えなさい。
（　　　　　　）

4　——線④「いやしからぬ」のように言ったのは何のためか。その説明として最も適切なものを次のア〜オから選び、記号で答えなさい。
（　　　　　　）

ア　何も悪いことは
イ　うらめしいことだ
ウ　謝ればゆるされるだろうか
エ　助けるべきだろうか
オ　どうしてよいかわからない

5　——線⑤「拝みたてまつらむ」とあるが、このときの貫之の様子の説明として最も適切なものを次のア〜オから選び、記号で答えなさい。
（　　　　　　）

ア　眠気に襲われている様子
イ　正気を失っている様子
ウ　貫之に正気を失っている様子
エ　神を恐れている様子
オ　馬に激怒している様子

6　——線⑥「御託宣」とあるが、貫之はどのようにしたのか。その説明として「御託宣」ということばを用いて、二十字以内の現代語で書きなさい。

□□□□□□□□□□□□□□□□□□□□

⑧ 次の文章を読んで、あとの問いに答えなさい。(京都精華学園高[改題])

①人におくれて、四十九日a の仏事に、ある聖を請じ侍りしに、②説法いみじくして、皆人、涙をながしけり。③導師帰りて後、聴聞b の人ども、「いつよりも、殊に今日は尊く覚え侍りつる」と、④感じあへりし返事に、ある者c の言はく、「何とも候へ、あれほど唐d の狗に似候ひなんうは」と言ひたりしに、あはれもさめてをかしかりけり。⑤さる導師のほめやうやはあるべき。

又、「人に酒勧むとて、おのれまづたべて、人に⑥強ひ奉らんとするは、⑦剣にて人を斬らんとするに似たる事なり。二方に、刃つきたるものなれば、もたぐる時、先づ我が頭を斬る故に、人をばえ斬らぬなり。おのれまづ酔ひて臥しなば、人はよも召さじ」と申しき。剣にて斬る試みたりけるにや、⑧いとをかしかりき。(「徒然草」より)

※二方に……両方に。　※もたぐる時……持ち上げるとき。

※人をばえ斬らぬなり……相手の人を斬ることができないのである。

※人はよも召さじ……相手の人はまさか召しあがるまい。

1 ~~~部a～d の「の」の中で働きの異なるものを一つ選び、記号で答えなさい。(　　)

2 ──部①「人におくれて」・②「説法いみじくして」の解釈として最もふさわしいものをあとから選び、それぞれ記号で答えなさい。

①「人におくれて」(　　)

　ア 人間に生まれて　　イ ある人に先立たれて

　ウ 相手にお願いして　　エ 友人に頼まれて

②「説法いみじくして」(　　)

　ア 説法が全然理解できなかったので

　イ 説法が非常に長い時間だったので

　ウ 説法がたいそうすばらしかったので

　エ 説法がそれほど面白くなかったので

3 ──部③「導師」と同じ人物を指すものを本文中から抜き出しなさい。

(　　　　　)

4 ──部④「感じあへりし」・⑥「強ひ奉らん」の主語として最もふさわしいものを次の中から選び、それぞれ記号で答えなさい。

④(　　)　⑥(　　)

　ア 導師　　イ 聴聞の人ども　　ウ 唐の狗　　エ おのれ

5 ──部⑤「さる導師のほめやうやはあるべき」とあるが、なぜそんなほめ方をしないだろうと思ったのか。三十字以内で答えなさい。

6 ──部⑦「剣にて人を斬らんとするに似たる事なり」とあるが、それは人に酒を勧める場合のどのようなところと似ているか。三十五字以内で答えなさい。

7 ──部⑧「いとをかしかりき」とあるが、そう思ったのは誰か最もふさわしいものを次の中から選び、記号で答えなさい。(　　)

　ア 導師　　イ 作者　　ウ ある者　　エ 読者

8 次のア～エについて、本文の内容に合致するものは「○」、合致しないものは「×」を記しなさい。

　ア 説法を聞いた人たちは、いつもより特別に尊く感じた。(　　)

　イ 四十九日の仏事にお招きをしたお坊さんは、涙を流した。(　　)

　ウ 聴聞の人々に、感動もさめてしまう出来事があった。(　　)

　エ ある者は酒に酔った勢いで、人を斬りかかろうとした。(　　)

9

次の文章は、今は土佐（高知県）の国司（今の県知事）を勤めた貴人が、任地の土佐から京都に向かって船で旅をしている『土佐日記』の一部である。ある人は「十二月二十一日」「土佐を発って京都に向かう」と書いている。これを読んで、あとの問いに答えなさい。

二十一日。今日、船に乗る人は、朝より、B願ひ②切に祈る。船に乗りて、渚より出でて漕ぎ行く。春の海に①船A漕ぎ出でて、秋の木の葉②しも散れるかとぞ見ゆる。

これを見れば、春の海に秋の木の葉しも散れるかとやいはむ。

波の立つなること、かくのごとし。国人の心の常として、今は漕ぎ来ぬとて、あるやうなる人の、海のほとりにとまりて、別れ難く思ひて、ここかしこに追ひ来つつ別れを惜しむ。かくあるを見れば、ある人の詠めるや、

  漕ぎ行く船の楫取りの「黒鳥のもとに、白き浪をぞ寄する」とぞいふなる。国人の言ひ慣はせることばなれば、童の言ひたるにはあらじ。

④これを見る人の、思ふことは同じきことなれども、人により、言ひ慣らひたることばのなきにしもあらず。

白き波を寄せて、沖つ島守、③ここにありとや。

白波の立つを見ては、いかにぞや、⑤白ぬしむかし七十路八十路はいづくにか行く。おほかたの七十路八十路はうみにあり。

（清和南高）

注
*1 楫取……おほつかの船を漕ぐ人。
*2 旅歌……旅をしながら歌う歌。
*3 沖つ島守……沖の小島を守る番人。
*4 横取……船を漕ぎ進める。
*5 船君……船賃などを取る人。
*6 報……仕返し。
*7 楫取……七十路は七十歳。八十路は八十歳と
*8 沖つ島守……沖の小島を守る番人。
*9 ……沖の小島を守る番人。

---

1 二重傍線部A「いたし」・B「願ひ」・C「これ」の意味として最も適当なものを、次の中からそれぞれ選びなさい。
A（　）　B（　）　C（　）

A ア 意味　イ 祈願する　ウ 気持ち　エ 気持ちとして出す
B ア いたす　イ 祈願する　ウ 願う　エ 遭ふ
C ア それ　イ 願ふ　ウ 修める　エ 遭ふ

2 傍線部①「切に」とあるが、どのような気持ちからであるか。最も適当なものを、次の中から一つ選びなさい。（　）
ア 祈願する気持ちがあるから
イ 気持ちが寄っているから
ウ 気持ちに寄り添っているから
エ 気持ちがうつってしまっているから

3 傍線部②「春の海に」とあるが、この時は何時ごろですか。次の中から最も適当なものを一つ選びなさい。（　）
ア 午前八時ごろ　イ 午前三時ごろ
ウ 午前三時ごろ　エ 午後六時ごろ

4 傍線部③「ここにありとや」について、この様子を表している言葉を、文中からそのまま抜き出しなさい。

5 傍線部④「これ」が何を指しますか。「……こと」につながるように、現代語で二十字以上二十五字以内で答えなさい。

6　傍線部⑤「わが髪の雪」を、本文を踏まえて説明したものとして、最も適当なものを次の中から選びなさい。（　　）

ア　嵐で揺れる船に乗っていて海の白い波しぶきがかかり、そのうえ一月に降る雪が頭に降りかかっているということ。

イ　海賊に襲われるかもしれない恐怖と、荒れた海を航海しなければならない恐怖で、髪が白くなっているということ。

ウ　海賊や冬の荒波という災難から逃れるために、航海の無事を髪を振り乱して一心不乱に祈っているということ。

エ　船旅があまりにも長く続き、七十歳八十歳まで帰郷できないので、はやく帰りたいという恐怖で白髪になっているということ。

7　本文の内容に合致しているものを、次の中から一つ選びなさい。
（　　）

ア　「船君なる人」は、船の安全よりも言葉遊びに夢中になる「楫取」に興ざめし、独りよがりな「楫取」を非難する和歌を詠んだ。

イ　「船君なる人」は、老齢になって和歌に熟達しても、子どもの舟歌にさえ興味を示し、年齢にとらわれない柔軟な和歌を返した。

ウ　「船君なる人」は、舟歌を歌う子どもの心情に共感し、父母を慕う気持ちの深さについて、和歌を詠んで「楫取」に確かめた。

エ　「船君なる人」は、「楫取」のふと口に出した言葉に和歌に通じる趣を感じとり、自らも和歌を詠んで「楫取」に呼びかけた。

4　傍線部③「あはれなる」とは、どういうことですか。その説明として最も適当なものを次の中から選びなさい。（　　）

ア　子どもの歌う舟歌の内容に、父母のいる故郷を恋しく思う気持ちが表れていて、しみじみと心ひかれたということ。

イ　子どもが、主人から酷使をされて父母のもとを離れたつらさを歌ってまぎらわしていることが気の毒だったということ。

ウ　国の役に立ちたい一心で父母と別れ、自分を励ますために歌う子どもを見て、将来の見込みがあると期待したということ。

エ　子どもが舟歌を歌って船の漕ぎ手を励ましていることがわかり、子どもの歌の力をすばらしく感じたということ。

5　傍線部④「とがむるなり」とありますが、なぜ耳にとまったのですか。その理由として最も適当なものを次の中から選びなさい。
（　　）

ア　乗客が揺れる船に恐怖を感じているのに、船頭という立場の者が「黒い鳥のところに、白い波が寄せる」と、のんきなことを言っているから。

イ　目の前に現れた風景に対して、船頭という僧侶ではない身分の者が有名な仏典にある言葉を用いて、上手に表現しているように思われるから。

ウ　案内人でもない船頭が、「黒い鳥」も「白い波」も海では珍しくもないのに、わざわざ乗客に指し示すように案内をして、見るように促すから。

エ　船頭という低い身分の者ではあるけれど、「黒い鳥のところに、白い波が寄せる」と、目の前の風景に合った風情のあることを口にし

次の古文を読んで、あとの問いに答えなさい。なお、読みやすくするために表記の変更があります。（出題の都合上、本文中の一部に表記の変更があります。）

あるとき、十三の高野の小田原町に檜物細工をする者ありて、杉のみを指物にせんとて、杉の木を折りて、我心に思ひ立ちて、「いづくの国にか、檜物細工のよき材木ありや」と尋ねありきけるほどに、何国ともなく、天狗と思しき者来たりて、山へ指して行きけるに、面白き道をへ行く。

檜物細工をする者は、外には飛びつつ、鼻のうへにて、焼き払ひて行きなむとす。数多の眷属を集め、「これへ来たれ」と制しとどめける。われはただ物のひそかなる中に、自然と変じ替へられ、

「別れぬべきやうにもなし」とて、足をふみて、「いかにいかにへ行く」、「これへ来たれ」と制しとどめける。われはただ物のひそかなる中に、横矢といふ道具を折り知らであり。「おのが心は石地にて」を

今のうちにて、おのづからおもしろき御山をもしたりける。飛行もし、自由自在なる物にてあり。焼き払ひなどはただへ行きてへ、「いかなれば」。

注

注１　水指…茶道に用いる、水を入れておく器。
注２　檜物細工…檜物の道具。
注３　杉のみ…杉杉の木地のため押し入れる。
注４　割指物…割指物の工具。
注５　眷属…天狗の眷属に。
注６　曲物…木地師。
注７　奮闘…檜物細工の工具に。
注８　魔道…天狗の世界。
注９　盛道…天狗の世界。

1　━━①～⑨のうち、
ア　形容詞　イ　動詞
の働きをしているものを、次のア・イの中から一つずつ選んで、その記号を答えなさい。

a（　）　b（　）

2　━①とあるが、
ア　女子なる職人　イ　職人
ウ　宝亀院　エ　弟子坊主
の主体は誰か。次のア～エの中から最も適当なものを一つ選んで、その記号を答えなさい。

（　）

3　━②とあるが、その動作の主体は誰か。次のア～エの中から最も適当なものを一つ選んで、その記号を答えなさい。

ア　職人が作業をしているのを見ている女子。

（　）

ら十二字で抜き出しなさい。また、その箇所を現代語訳しなさい。

□□□□□□□□□□□□

現代語訳（　　　　　　　　　　　　）

8　──⑥について

(1)「申」の読み方を答えなさい。（　　　　）

(2)この箇所の解釈として最も適当なものを次の中から選んで、記号で答えなさい。（　　　）

ア　午後四時に山に火をつけてしまった。

イ　午後四時に山に火をつけることを決めた。

ウ　午前四時に山に火をつけてしまった。

エ　午前四時に山に火をつけることを決めた。

9　──⑦が指しているものとして最も適当なものを次の中から選んで、記号で答えなさい。（　　　）

ア　宝亀院の声　　イ　職人たちの声

ウ　天狗たちの声　　エ　弟子たちの声

10　──⑧とあるが、どういうことですか。最も適当なものを次の中から選んで、記号で答えなさい。（　　　）

ア　自分たちの山を守るために、天狗になって天狗たちをまとめ上げることを決めたということ。

イ　乱暴な天狗のことを許せず、天狗たちに制裁を加えることを決心したということ。

ウ　人間と天狗が平和に暮らせるように、天狗たちを説得しようと決意したということ。

エ　天狗たちを山から追い出し、自分一人でこの山を治めようと決心したということ。

イ　木こりが木を切っているところ。

ウ　客が買い物をしているところ。

エ　店の人が鉋屑を片付けているところ。

4　──②について

(1)「だましすまして」（A）と「はや知りて」（B）の主語の組み合わせとしてふさわしいものを次の中から選んで、記号で答えなさい。（　　　）

ア　A　職人　　B　職人　　イ　A　職人　　B　女の子

ウ　A　女の子　　B　職人　　エ　A　女の子　　B　女の子

(2)「はや知りて」とありますが、それはなぜですか。理由が分かる箇所を一文で抜き出して、初めの三字を答えなさい。□□□

5　──③の解釈として最も適当なものを次の中から選んで、記号で答えなさい。（　　　）

ア　相手の嘘を見破るにはどうすればよいか考えているうちに

イ　相手に笑われないようにするにはどうすればよいか考えているうちに

ウ　相手を驚かすにはどうすればよいか考えているうちに

エ　相手を追い払うにはどうすればよいか考えているうちに

6　──④の解釈として最も適当なものを次の中から選んで、記号で答えなさい。（　　　）

ア　割挟のせめがはずれたのは、職人がしぶしぶやったことだったので

イ　割挟のせめがはずれたのは、職人が計画していたことだったので

ウ　割挟のせめがはずれたのは、職人が考えていないことだったので

エ　割挟のせめがはずれたのは、職人が強く念じたことだったので

7　──⑤とあるが、その前はどのような姿だったのですか。本文中か

1 次の
あなたが期待する効果は何ですか。

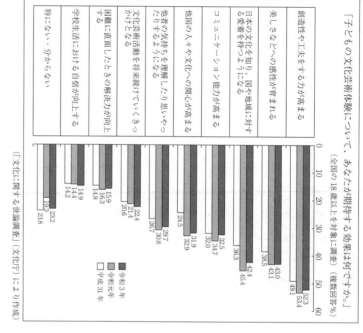

【資料】

「子どもの文化芸術体験について、あなたが期待する効果は何ですか。」（全国の18歳以上を対象に調査）（複数回答％）

創造性や工夫をする力が高まる　49.1　53.4　52.3

美しさなどへの感性が育まれる　43.0　43.1　45.4

日本の文化を知り、国や地域に対する愛着を持つようになる　38.5　42.4　44.5

コミュニケーション能力が高まる　36.3　34.7　32.5

他国の人々や文化への関心が高まる　32.0　31.9　32.9

他者の気持ちを理解したり思いやったりするようになる　29.7　30.8　26.7

文化芸術活動を将来続けていくきっかけとなる　24.5　21.4　22.4

困難に直面したときの解決力が向上する　20.6　15.9　16.3

学校生活における自信が向上する　14.8　14.9　14.4　14.2

特にない・分からない　23.8　19.3　23.2

凡例：　平成31年　令和元年　令和3年

（「文化に関する世論調査」（文化庁）により作成）

術の　が期待する
のです。効果は
　　　　る効果は

以　　い。
内　あれ
で　る
あ　効
る　果
こ　は
と　【資料】
を　は
書　何
き　で
な　す
さ　か
い。　。

し　効
か　果
し　が
の　分
原　か
稿　る
用　「
紙　子
に　ど
あ　も
な　の
た　文
の　化
考　芸
え　術
る　体
文　験
化　に
芸　つ
　　い
　　て
　　、
　　あ
　　な
　　た

オ
リ
ジ
ナ
ル
問
題

五 作 文

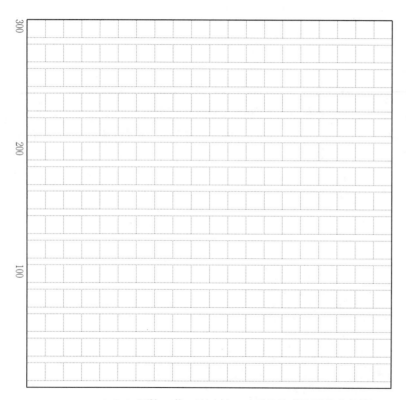

・題名や氏名は書かないで、本文から書き始めること。
・原稿用紙の正しい使い方にしたがって書くこと。

2 次の資料は、文化庁が行った「国語に関する世論調査」の結果をまとめたものです。

国語の授業で、この資料から読み取ったことをもとに「コミュニケーションを図るときに気をつけること」について、一人一人が自分の考えを文章にまとめることにしました。あとの〈注意〉に従って、あなたの考えを書きなさい。 （埼玉県［改題］）

資料

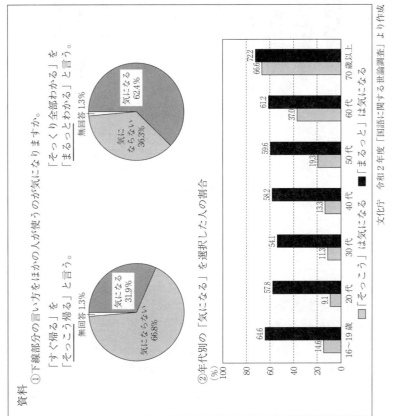

① 下線部分の言い方をほかの人が使うのが気になりますか。

「すぐ帰る」を
「そっこう帰る」と言う。

「気になる」62.4%
「気にならない」36.3%
無回答 1.3%

「そっくり全部わかる」を
「まるっとわかる」と言う。

「気になる」31.9%
「気にならない」66.8%
無回答 1.3%

② 年代別の「気になる」を選択した人の割合

■「そっこう」は気になる ■「まるっと」は気になる

(%)
100
80
60
40
20
0

16〜19歳 64.6 / 14.6
20代 57.8 / 9.1
30代 54.1 / 11.3
40代 58.2 / 13.3
50代 59.6 / 19.3
60代 61.2 / 37.0
70歳以上 66.6 / 72.2

文化庁 令和2年度「国語に関する世論調査」より作成

（注意）

（1） 二段落構成とし、第一段落では、あなたが資料から読み取った内容を、第二段落では、第一段落の内容に関連させて、自分の体験（見たことや聞いたことなども含む）をふまえてあなたの考えを書くこと。

（2） 文章は、三百字以内で書くこと。

（3） 原稿用紙の正しい使い方に従って、文字、仮名遣いも正確に書くこと。

（4） 題名・氏名は書かないで、一行目から本文を書くこと。

資料

①　インターネットの使い方について、何か家庭でルールを決めていますか

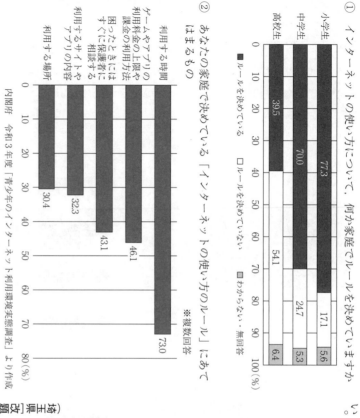

凡例：■ルールを決めている　□ルールを決めていない　■わからない・無回答

	■ルールを決めている	□ルールを決めていない	■わからない・無回答
小学生	77.3	17.1	5.6
中学生	70.0	24.7	5.3
高校生	39.5	54.1	6.4

（単位：0～100（％））

②　あなたの家庭で決めている「インターネットの使い方のルール」にあてはまるもの

※複数回答

項目	（％）
利用する時間	73.0
ゲームやアプリの課金の上限や利用料金の利用方法	46.1
困ったときにはすぐに保護者に相談する	43.1
利用するサイトやアプリの内容	32.3
利用する場所	30.4

（0　10　20　30　40　50　60　70　80（％））

内閣府　令和3年度「青少年のインターネット利用環境実態調査」より作成

（埼玉県　改題）

3　次の資料は、内閣府が行った十七歳のうち「インターネットを利用している」と回答したものについての調査結果の一部です。この資料をもとに、あとの（注意）に従って、あなたが資料から読み取ったことをふまえ、あなたの考えを書きなさい。

（注意）

（1）題名・氏名は書かないこと。

（2）文章は三百字以内で書くこと。

（3）原稿用紙の正しい使い方に従って、文字・仮名遣いも正確に書くこと。

（4）二段落構成とし、第一段落では、あなたが資料から読み取った内容を、第二段落では、第一段落の内容に関連させて、あなたの体験も交えて、あなたの考えを書くこと。

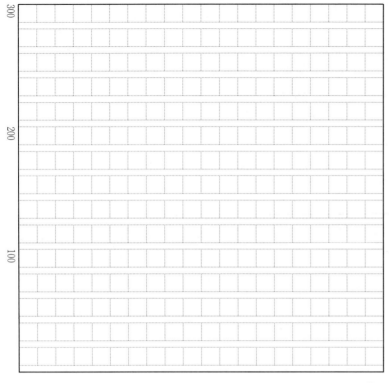

④　総合的な学習の時間で、「これからの社会」というテーマで学習しています。次の調査結果を参考にして「情報通信機器が可能にする社会」について考えることになりました。実現したら使いたいと思う情報通信機器①～⑤の中から一つ選び、あとの【条件】に従って書きなさい。

（富山県[改題]）

〈実現したら使いたいと思う情報通信機器（複数回答）〉

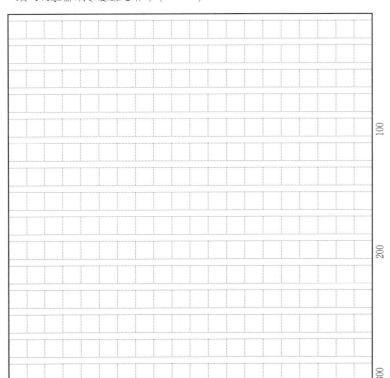

（総務省平成27年版「情報通信白書」より作成）

①生活支援通信ロボット（人間型のロボットで、ネットの情報を活用しながら家事手伝い等をしてくれる）　59%

②全自動カー（周囲の車や信号などと通信しながら、完全自動運転で目的地まで連れて行ってくれる自動車）　47%

③装着型治癒ロボット（体に装着して、病院等からの指示にしたがって歩行やリハビリ運動などを手助けしてくれるロボット）　31%

④自動介護ベッド（健康状態をチェックしながら、自分ではできないことを上手にサポートしてくれるロボットベッド）　31%

⑤立体テレビ電話（そこに相手がいるような感覚で話ができる）　31%

【条件】

1　二段落構成とし、各段落の内容は次の、3のとおりとする。

2　第一段落は、選んだ情報通信機器に関わる、現在の社会の状況や課題について、あなたの体験や見聞を踏まえて書く。

3　第二段落は、その情報通信機器を使用することで、どのような社会になるか、あなたの考えを書く。

4　原稿用紙の使い方に従い、三百字以内で書く。

選んだ情報通信機器の番号（　　　）

5 次の【表】は、ある国語辞典の第一版と第八版の記載内容をまとめたものである。「言葉」である【表】について、第一版と第八版から気付いたこととして、あなたの考えを、あとの〈条件〉にしたがって書きなさい。

（[秋田県] [改題]）

【表】

語句 ＼ 版	第一版（昭和四十七年発行）	第八版（令和二年発行）
聖地	あ、神・仏・聖人など、神聖な土地。	①神・仏・聖人などに関係のある、神聖な土地。②ある物事に、あこがれる人が訪れる、神聖な土地などに思い入れる場所。
リサイクル		ですに、新聞紙・使用済み金属製廃物などを再び資源として利用すること。

※「リサイクル」は、第一版には掲載されていなかった。

〈条件〉
・題名は不要
・字数は三百字以内

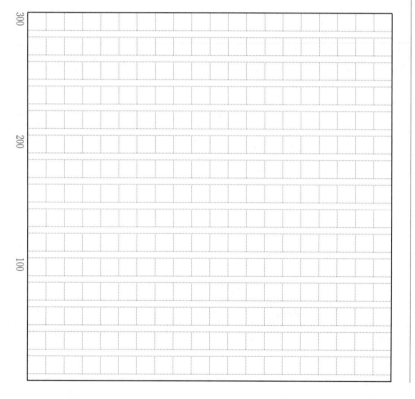

一 国語の知識（3ページ）

1 答 (1)値段 (2)往復 (3)納(める) (4)くや(しい) (5)ぞうに
(6)ちょうほう

2 答 (1)えしゃく (2)おんしょう (3)ほうめい (4)けしょう
(5)しょうちゅう (6)審判 (7)栄誉 (8)析(る) (9)装(う) (10)郵送

3 答 (1)こうえん (2)こんなん (3)しゅうしん (4)めばな (5)牙 (6)爪 (7)怒
(8)跳

4 答 (1)危険 (2)耕(す) (3)洗練 (4)反映 (5)編(む) (6)ただよ(う)
(7)さまた(げる) (8)むか (9)たいだ (10)がんちく

5 答 (1)①信仰 ②侵攻 ③親交 (2)①介抱 ②快方 ③開放

6 答 (1)招→紹 (2)助→除 (3)迫→拍 (4)修→拾 (5)際→催

7 答 (1)オ (2)ウ (3)イ (4)エ (5)ア

8 答 ア

9 答 (1)オ (2)ウ (3)ア (4)エ (5)イ

10 答 (1)イ (2)エ (3)イ (4)ア

11 答 (上から順に) (1) 1、2、2、4 (2) 4、1、2、3、5
(3) 1、5、3、2、4、6

12 答 ウ

13 答 (1)ウ (2)イ

14 答 ア

15 答 ア

16 （文節）　文を、発音や意味のうえで不自然にならないように、できるだけ小さく区切ったときのまとまりである。「走って／いる／うちに／疲れて／きた／彼は、／イギリス人だ。」と分けられる。

（単語）意味をもつ最小の単位の語に区切ったときのそれぞれのことである。
「走っ／て／いる／うち／に／疲れ／て／き／た／彼／は、／イギリス／人／だ。」と分けられる。

答 （文節）7 （単語）13

17 (1) 一文の中で最も言い表したい内容を示し、基本的に文末に置かれる文節。
(2) 体言（名詞）を修飾する文節。「家の」は「庭」という名詞を、「きれいな」は「花」という名詞をそれぞれ修飾している。
(3) 用言（動詞・形容詞・形容動詞）を修飾する文節。「誰に」は「対する」という動詞を、「実に」は「親切だ」という形容動詞をそれぞれ修飾している。「対しても」は「誰に対しても」という連文節のかたちで「親切だ」という形容動詞を修飾する連用修飾部なので、「対しても」のみでは連用修飾語とは言えない。
(4) 「今は晴れている」という文と「夕方には雨が降るらしい」という文を、「けれど」という助詞がつないでいることに着目する。

答 (1)リラックスする (2)家の・きれいな (3)誰に・実に (4)いる　けれど

18 答 (1)連体詞 (2)名詞 (3)副詞 (4)助動詞

19 (1) 「ない」をつけると、直前の音が「イ段」の音になる。「ば」が続いている。
(2) 「ない」をつけると、直前の音が「エ段」の音になる。「て」が続いている。
(3) 「する」は変則的な活用をする動詞。体言の「時」が続いている。

答 (1)A′イ B′コ (2)A′ウ B′キ (3)A′オ B′ケ

20 2′ ① a′「ない」をつけると、直前の音が「ア段」の音になる五段活用。
b′助動詞「だ」に接続している。
② a′「ない」をつけると、直前の音が「エ段」の音になる下一段活用。
b′終止形に接続する助詞「し」が後ろに続いている。
3′ 文節で区切ると、「あんみつの／豆を／一つずつ／スプーンで／すくっ／て／食べて／いる」となる。

答 1′A′エ B′ア C′ク D′カ E′キ

一 長文読解（鑑賞文）（8ページ）

答

(1) ウ
(2) エ
(3) エ

[解説]

(1) 動詞。ア・イ・ウは形容詞。エは連体詞。

(2) エは主語を表す。ア・イ・ウは連体修飾語の意味を表す。

(3) 「危ない」の一部。エは他に置き換えられるので、「ず・ぬ」に置き換えられる打ち消しの助動詞。

---

[21] 答

(1) ①ア ②エ 2、ウ 3、ア

b、順に
a、のあ…
は、活用のある自立語で言い切りの形が「だ」となる形容動詞。他
ウ、…

[22] 答

(1) ウ (2) エ (3) イ

ア、存在を意味する「ある」。イ・ウは補助動詞。エは連体詞。

は、活用のある自立語で言い切りの形が「い」となる形容詞。他

手段や地点を表す「だ」。イ・ウは…断定の助動詞「だ」の連体形「な」。他は連体詞「な」。

[23] 答

(1) ウ (2) エ (3) エ

ア、推定を意味する助動詞「ず」。他…
は、尊敬を表す助動詞「す」。他は受け身を表す助動詞「れる」。

ウは連体詞。

---

2 答

1、季語が二つあること
2、芭蕉
3、ウ
Ｘ、古池 Ｙ、数字が刻まれた…

1、「古池に飛び込む水の音」
2、「古池」「蛙の水に飛び込む音」…

3、Ｘ、学校や職場の命の躍動を耳にしたとき…
Ｙ、「死」の世界がある

佐藤春夫…「魔女」『殉情詩集』…

---

1 答

(1) ウ
(2) エ
(3) エ

---

3 答

1、Ａ、い Ｂ、い
2、ウ
3、ア
(1) 口語自由詩 (2) 文語自由詩
3、イ 春夫より、実人生の
ア、引用

---

4 答

1、ウ
2、イ
3、エ
4、ア
5、イ
6、エ

3、芭蕉が、それにかかわる同意（同意可）（16字）

すなのような地味な花…目に入っていることはありません」と述べていることや、芭蕉の句について「この句を読んだとき…芭蕉が言おうとすることを理解することができます」と述べていることに着目する。

4　I　直後で「ただ単に…という意味ではありません」と否定している。
　　II　「日常の生活の延長上」で観察された事態でなく「日常のものを…見る立場」を超えたところに開かれる世界が詠われていると述べている。

6　「わたしたちが日常の会話のなかで使っている」ことばを使いながら「詩歌は、このことばの背後に…力をもっているのです」と述べていることに着目する。

答
1　a　遊(び)　b　わく　c　役　2　ありません　3　美しさ
4　I　よく観察すれば　II　ウ　5　ア
6　日常の事物を言い表すことばの背後に、日常の世界を超えた世界をくり広げていく(37字)(同意可)

5
2　「ちはやぶる」は、和歌で「神代」という語句の上につくことでこれを修飾する語。現代語訳せず、修飾する語の組み合わせが決まっている。

3　B　前の「神代にも聞いたことがない…されるとは……」という和歌の意味を、後で説明している。
　　C　前で説明されている「作るカテイ」の違いに対し、筆者の考えと違うもの「いい歌はいいし、だめなものはだめ」という正論があることが当然であることを示す。
　　D　後の質問を何度も受けることを示す。
　　E　筆者は「題を与えられようが…変わらない」と考えていることが理由で、「ちはやぶる」の歌も…反映されているのだと私は思う」と結論づけている。

4　直後に「同じ歌でも…というのとでは、迫力が違ってくる」とある。
5　「厳しい見方」とは「作るカテイはどうであれ、いい歌はいいし、だめなものはだめ」という正論のこと。
6　X「ホントの景色なんですヨ」と、実際の景色を見て詠んだとしている

作品。

Y　「実際に景色を見たりしなくても、こんなに素晴らしい歌が詠めるんですよ」と、題詠による歌だと示した作品。

7　「題詠だと書いてなければ、そうだとわからないほどの迫力」が存在することについて「たぶん…作者の体験が、なんらかの形で反映されているのではないか思う」と筆者が考えていることをおさえる。

8　実体験にもとづく作品でも「あっただこそのままでは、単なる身の上話」であり、そこに「体験を反映しつつ、より広くより深く世界を作りあげてゆく」ものであるが、この作り方は筆者が「作者の体験が、なんらかの形で反映されている」と考える題詠での作り方と変わらないということ。

答
1　⑦古来　①かかる　⑨過程　①強化　②意味　2　エ
3　B　イ　C　エ　D　ア　E　ウ　4　ウ　5　だめなものはだめ
6　X　伊勢物語　Y　古今集
7　題詠でも、作者の体験が、なんらかの形で反映されているから。(29字)(同意可)
8　体験を反映し　あげてゆく

6
1　前では「テレビカメラのズームアップ」を例に挙げ「やっと接近して対面」としているのに対し、後では「十七音の俳句」の場合は「いきなり核心の『渡顔辺』に至る」と反対の内容を述べている。

2　「最初に『葛城』という文字が目に入る」と、「カツラギ」が何かが判然としない」なりに「古代的な響きのある固有名詞だろうという察しはつきます」と述べている。

3　(1)　「この句をはじめて読む」場合は、最初に目に入る「葛城」という文字の響きから何らかの「察し」をつけたり、続いて現れる文字と結びつけて「イメージ」をふくらませたり、さらには「このあと何が現れるだろうか期待」したりしながら句を上から下へ読み下していくと述べている。

(2)　「この句を繰り返して読み、暗記・暗誦するほどに」なった場合は、

「一句の全体像が同時に見えて」くるようになると述べ、これを具体的に説明した後で、「読者の脳裏」には「言葉と言葉、イメージとイメージが渾然一体となった言語空間が現れます」と述べている。

4、「寝釈迦」の代わりに「涅槃」を用いた場合を仮定し、これでは「寝釈迦が見えて来ない」、「『寝釈迦』ほどの迫力はない」と述べていることから考える。

5、B、【資料】で、「『き』音の繰り返し」とともに挙げている例をおさえる。

C、【資料】では、句の中で用いている「が」という助詞を取り上げ、これは「主語」を表しているともとれるし、「対象」を示しているともとれると指摘した後で、「どちらともいい」と述べている。

答 1、ア　2、（始め）古代的　（終わり）だろう

3、(1) エ　(2) 読者の脳裏に、俳句の中のすべての言葉とイメージが一体となって現れている状態。（38字）（同意可）

4、寝釈迦だけが見え、迫力が生まれる効果。（19字）（同意可）

5、B、リズムの軽快さ

C、一つの助詞を、二通りの意味に解釈する（18字）（同意可）

三　長文読解（論説文）（20ページ）

1

2、「情報収集のためであれば、一冊の本に長い時間をかけるわけにはいきません」と考える若者たちに向けて説明された「速読の方法」について、「その方法とは…」とくわしく説明している内容をまとめる。

3、「たしかに～だ。しかし～」という形で、いったん一般論や納得していない考えを認めつつ、それとは異なる自分の考えを述べる表現。ここでは、速読で「読める本はあるのでしょう」と認めた後に、「そのような本は…熟読する必要がない本だといえます」という自分の考えが続いている。

4、「その日集まっていたのは、ビジネスで成功することを求めていた若者たちでした」とあり、そのような目的で集まっていた若者たちへ向けて、筆者が「成功などしなくていいのだ」と話していることから考える。

6、筆者は、「本を速く読」んで「情報を得る」ことと、「宇宙食を食べ」て「栄養を摂取する」ことを同様に考えていることをおさえる。その上で、「本も食事も人生もゆっくり味わうことにこそ意味があります」と述べていることに着目する。

答 1、a、と(く)　b、俳句　c、印刷

2、最初に目次を読み、次に結論が書いてあることが多い章の始めに注意を払って読む（37字）（同意可）

3、エ　4、ウ　5、ア　6、イ

2

4、「まもる」は「守る」「護る」、「つくる」は「作る」「創る」という二通りの表記に基づき、それぞれについて「これまで私たちの社会のなかで…保護すること」「物理的なものや…価値を創ること」と説明している。「つなげる」は「継承」という熟語を紹介し、「世代を超えたつながり」と説明している。

5、Ⅰ、サステイナビリティの和訳にあたって筆者が目指していることについて、本文のはじめで、「訳そうとしている概念の意味するところや…説明できる」ことや、「もともと含んでいる意味合いを取りこぼさないようにしながら日本語で説明する」ことを挙げている。

Ⅱ、「まもる・つくる・つなげる」という和訳に、「期待できる」ことをさがす。サステイナビリティを『まもる・つくる・つなげる』こととらえる」ことによって起こるであろうことを、「いずれもが…より社会に広く浸透しやすくなるでしょう」と推測している。

答 1、a・b　2、エ　3、ア　4、ウ

5、Ⅰ、サステイナビリティがもともと含んでいる意味合い（23字）

Ⅱ、日常会話のなかでよく使う動詞を用いて表現することで、社会に広く浸透しやすくなる（39字）（同意可）

3

1、A、情報化社会とは「情報が洪水のようにあふれて大衆に伝達される」社

会だと紹介し、「情報は多ければ多いほどよい」という理由から、そういった社会に対して「文句をつけるつもりはない」という結論へ続けている。

B「何かを知りたい」と思っているわけではない人に「知ってもら」うために「耳目をそばだてる」ような表現をとるしかないことを、後で「大仰な言葉を使って…むりやりに引きつけようとする」と言い換えている。

C「アパシー」という言葉について、前では、ストア派の哲学者が理想とした「平安」を表す語から生まれたので「理性的に生きる精神状態」のことだと述べたのに対し、後では「無感動、無気力、無関心」など「マイナスのイメージ」で使われていると、逆の内容が続く。

3、「誇大広告」が「取り締まりの対象になっている」ことを「おかしい」としている。続く部分から、「誇大広告がだめなら…成り立たないことになってしまうから」「誇大に表現するからこそ宣伝になる」という筆者の主張をとらえる。

4、「人々の関心は人気キャスターに集まる」とある。ニュースを「伝える人物」すなわち「キャスター」が注目されるという意味になる。

5、「ニュース」の現状についての表現であることをふまえ、「テレビのニュース番組の変質」についての記述と、それを受けて「視聴率を稼ぐためには宣伝が不可欠である」とまとめているところに着目する。Iはニュースに「宣伝」が欠かせなくなった原因、IIは「宣伝」のために起用される人を抜き出す。

6、「そこで、現代人は何を聞いても…受け取らないようになった」と続くことから、現代人の置かれている状態が入ることをおさえる。前で「このような環境に生まれ育つ子供たち」が「どんな人間になっていく」のかという心配を述べた際に、現状について「声は大きければ大きいほど…言葉は最大級に限る」と表現していることから考える。

7、ア ニュースで伝える「情報」は「商品の宣伝」ではない。

イ「東洋の文明は、静寂が生み出した…」で始まる段落の内容と合致する。

ウ 子供たちが「大げさに表現しなければ耳を傾けない、仰山な身振りでなければ見向きもしない」ようになると筆者は考えたが、直後に「それはどうやら杞憂にすぎないように思われ出した」と述べている。

エ「現代人は何を聞いても…受け取らないようになった」と説明し、「受け取る情報を制限する」ということを示している。

答 1、A、ウ B、ア C、イ 2、①イ ⑤ア

3、(広告というものはそもそも)誇大に表現するから宣伝になるのであり、誇大広告がだめなら広告そのものが成り立たないから。(47字)(同意可)

4、焦 5、I、視聴率を稼ぐ II、人気キャスター 6、イ

7、ア× イ○ ウ× エ○

4 3、ムンクの描いた「叫び」という絵について筆者は「人生で4枚も描くほど叫びたかったのか」と思っていたら、実はそういう意味の絵ではないと考えるのが「最近の主流」であると知り、自分は「見ているようで見ていなかった」と述べている。

4、直接的な理由として、前で「4点どちらか200点以上も存在する」ためだと述べた上で、筆者自身の意見として「何枚あろうが高価なものは高価であって枚数に左右されてほしくない」が、実際に「値段というもの」はそうやって決められていると補足している。

5、美しいものは絶対的なものであってほしい、何枚あろうが高価なものは高価であって枚数に左右されてほしくない、という感情」があり、そのため筆者は「わだかまりというかひっかかりがある」と述べている。

6、(1) (ウ三) 「果たして『ウ三』は、本当においしいものなのか」と疑問を提示した上で、「刷り込みによって美味しさをキープしている気がしなくもない」としている。

(ベメの巣)「おいしいと言わせている」「貴重だと言わせている」

ウ「いっぱい」「たくさん」「いくつか」などは数量を意識しつつも、その数量を同じようにしていません。「いっぱい」「たくさん」「いくつか」が存在する「程度」や「値」が付けられていません。

「20点」のように、同じような「数量」を意識したときにこそ「蛇口」からの水は長い時間属するということはありますが、日常「値」は「程度」や「値」がその例では『腫』や『運』ではその値が付け

11

ア「アイスクリーム」とは、私たちが見たもの、感動的に見られた「虹」について、アイスクリームやアイスクリームのような人々にとってはあたりまえの日常として旅

（2）

9　**8**

ア「『いっぱい』見られる」ような「頻度」から『頻度』『頻度』が取り沙汰されている。「いっぱい」について述べている。「アイス」が

イ「先に訪れた金曜日食堂に滞在する舎に続いて「言葉」を修飾している。

（1）「最も近い意味」を持つ「作為的な」というのは「具体的な食品の例のような」とは「いっぱい」について述べている。

8

ア「直前にあるものなのすれば…」にある「作為的な」というは少ない箇所があり、説明の販売側の

イ「幅を増すさせる」「いっぱい」に滞在している「可能性がある」について述べている。

（2）

要素があるのは「いっぱい」について説明しているのはある箇所のある。

5

ア「逆に言うたびに」動かすの日常を見出すウ　数量　エ　経済的尺度に相次ぐ

12
10
11

19字

9
7
6（1）
8（2）

7　**8**
ト　トリー　ウ（二）（ウ）平安時代以来「数量限定」「値段」の解説、（2）「美しい」意味
ア　（一）（イ）「貴重な食べ物」いのち（同意可）
イ　（三）　ア　メスという形ですイ
エ　（ニ）　25年ぶり

6
a　色彩　b　周囲の　c　感動詞　d　形容動詞
1　ア　エ
2　イ　ウ
3　初め　接続詞　イ　おそ
4　数量　副詞

5

4　　たとえ、おのずから「多くの人々によって描かれるなど、無意識な描かれてきたものが、今一度情報を言葉が、「今」ある人生を再度見出すことがある言葉が、「アエ再生に描かれ先人

3　すると、「日常のなかに感動する日常を見出す言葉が「逆に言う前にあるものなのとしている。

Xへの地図が自分自身をつくる「自分自身を成り立たせ、子育てするもの…」「筆者が…受け入れられたものを「建築」として…

5
直後おかれている「情報が多い」「他人から無意識のうちに」「自分自身のうちに」「自分自身がメスとして描かれたら」

それだけ「大事にすることがあり…」「筆者は「自分の地図が…」「しかし心ぼそく」という。

4
「心ぼそく説明されている。

Y、自分の地図が「変化し続ける」ことについて、「モザイク状のもの が…変化していくことが重要」「いろんな他者との交流で、多様な光に 照らされるから」と述べていることから考える。

6、「僕が建築家としての自分の地図をアップデートしていく中で、大事にして いること」のひとつとして「モザイク状である」ことをふまえて、「モザイ ク状であること」「そのモザイク状のものが…変化していくこと」について 説明した上で、「自分の地図がモザイク状に変化し続けると…多様な読み取 り方があることを学びます」「これと同様に、建築をモックアップする時も…モ ザイク状でありたい」と述べている。

答 1、ⓓ 芽（生える） ⓕ 評価 2、ア 3、イ 4、総体としての自分
5、X、そのまま受け入れ Y、いろんな他者との交流によって、自分自 身を常に多様な視点からとらえ直そうとしていく（40字）（同意可）
6、エ

6
1、「誰かと言葉を交わすことを会話という」と述べる一方で、「会話は、互い が一方的に話していても成り立つ」と述べていることに着目する。
2、「会話」は「相手が受け止めているかどうかが関係なく」成り立ってし まうが、「対話」は「相手の『おもい』を受け止めたところに始まる」と述 べている。
3、「すぐれた良書を読むことは、著者である…人びとと親しく語り合うような もの」というデカルトの言葉を受けて、「相手が語ることを受け止めるだけ でなく…別の方法で、過去の賢者に送り届けなくてはならない」とし、「そ れは『書く』ことにほかならない」と述べている。
4、「読む」ことはまず「相手が語ることを受け止める」ことであり、「読む」 ことで「自らの内面で生起したこと」を、他者に「書く」ことで「送り届 けなくてはならない」と述べていることから考える。
5、「対話」が「互いに呼吸の共鳴から始まる」とし、同様に読書において も「『読む』と『書く』はまさに、呼吸のような関係」にあり、「深く『読む』 ために深く『書く』必要がある」と述べている。

答 1、ア 2、相手の「おもい」を受け止める必要がある（19字）（同意可）
3、(1)自らの内面で生起したこと (2)エ 4、ウ
5、呼吸における吸うことと吐くことの関係と同様に、読むために書く こと、書くために読むことが必要だということ。（54字）（同意可）

7
2、「真」は「図鑑のように詳細がわかる」「草」は「動きや雰囲気が感じら れる絵が多かった」としている。
3、「ピクトグラム」のデザインについて「…ようにデザインされている」と し、「そこに抽出されているのは…一連の知識のことだ」と述べた直後で簡 潔にまとめている。
4、「意味処理する」とは「ふだんの『見る』ということであり」「アートの ツボの一つは、わたしたちに『見る』ことをやめさせることにある」ことか ら、抽象作品に向き合うとき「わたしたちは『なにか』として『見る』の をあきらめて…『視る』としている」その上で、「作品と向きあううちに… 見出されたりする」という体験が生まれることから「瞑想をしているよう な気分」になると考えている。
5、「必要な情報を単純にわかりやすく、意味だけ抽出するというつまらなな る」とある。そうしたことをせず、アリや石ころなどの対象を「毎日飽きも せず」「じっと」見つめることはじめて見える世界があるとしている。

答 1、(1)エ (2)Ⅱ、いんゆ Ⅲ、けっさく
2、真は詳細が伝わり、草は動きや雰囲気が伝わる。（22字）（同意可）
3、(1)言葉がわからなくても意味が伝わる（16字）(2)多くの人が共有す る一般的な知識（15字）
4、(抽象表現主義の作品や抽象的な現代アートは、)私たちに意味処理をさ せないので、これらと向きあううちに、埋もれていた記憶が掘りおこされ たり、思いがけない連想がつながって自分なりの意味が見出されたりする から。（79字）（同意可）
5、イ

8
2、続く記述に「だからこそ、自分では社会や政治に…無関係でいることは

四　古文　(40ページ)

1　① 語頭以外の「は・ひ・ふ・へ・ほ」は「わ・い・う・え・お」にする。

2　「やうやう」は「ようよう」にする。

3　「山守」の「が」は「の」という意味がある。直後の「取らせ」に返る。

10　**ウ**　6 **イ**　7 **ウ**　9 **ア**　(26字)

（同意可）(13字) (69字)

参

1 **a** 自明　**b** 加工　**c** 風　**d** 厳密

2 ウ　3 エ　4 イ　5 ア

◀口語訳▶ 昔、男がいた。奈良の都の平城京は離れ、この京には人家がまだきちんと整っていなかったときに、西の京に女がいた。その女は、世の人よりもすぐれていた。その人は顔立ちよりも性格のすぐれた人であった。通ってくる男がいたようだ。それを、あだめく男が言い寄って、帰ってきて、どのように（恋しく）思ったのだろうか、時節は三月の一日、雨がしとしとと降る日に歌を送った。

　　起きもせず寝もせで夜を明かしては、春の長雨をぼんやりと眺めて過ごしてしまうよ

3　2、「近習の人々」に向かって「我が鎧さくのごとくなれば…思ひやらるることぞかし」と言っていることに着目する。
3、和歌の下の句で「またも乱れん世にしあらねば」と表現したことについて「治まる御代のそのままを祝し寿ぎ奉り」とある。
4、和歌を聞いた君主が機嫌を直し「その係の人々も御咎めをのがれ」「ありがたく覚え」とあることに着目する。

㊜　1、たまひて　2、ア
3、平和に治まっている時代（または、戦乱が起こることがない時代）（同意可）
4、罰を与えなかった（同意可）

◀口語訳▶ 昔、ある高貴な君主の鎧を家来が虫干ししていた時に、一着の鎧の縅の糸がどのようにしてほころびただろうか、多くはほつれていた。その君主なにげなく虫干しの席にやって来られて、鎧を覧になって、きわめてご機嫌が悪くなり、君主の近くに仕える人々にお向かいになって「私の鎧さえこのようであるから、家来の鎧はさぞかし思いやられることだ」とおっしゃった。お側近くに控えていたある家来は、恐れ入りながらもすぐに、

　　打ちてしまってもよいことです。鎧の縅の糸は。再び戦乱が起こるような時代ではありませんから。

と平和に治まっている時代のありのままの様子をお祝い申し上げたので、君主もご機嫌がお直りになった。その係の人々も罰を逃れ、とてもありがた……

4、山守に「斧返し取らせて」もらって嬉しくなる人。
5、Aさんが注目している「前半部分の言葉」は、和歌の「悪しき」という語を指している。「悪しき」と対比させる形で、木こりは「斧（まさ）」という語を用いていることをふまえて、「まさ」を「悪しき」と対の意味になるように書き換える。

㊜　1、ううければ　2、ウ
3、うまい返し歌がすぐに詠めず、苦しい心情。（22字）（同意可）
4、ア　5、良き

◀口語訳▶ 今は昔のこと、木こりが、山守に斧を取られて、困った、つらいと思って、ぼうっとすわっていた。山守はそれを見て、「そうするべきだと思えるようなことを言いなさい。（そうしたら）返してやろう」と言ったところ、

　　悪い物でさえ、ないと何かと困る世の中なのに、良い物である斧を取られてしまって私はどうしたらよいのだろうか

と（木こりが）詠んだので、山守は返し歌を詠もうと思って、「ううう」とうめいたが、何も言えなかった。それで斧を返して受け取らせたので、（木こり）は嬉しいと思ったということだ。人はただひたすら歌を心にかけて詠むべきだと思われた。

2
1、i 語頭以外の「は・ひ・ふ・へ・ほ」は「わ・い・う・え・お」にする。
ii 助動詞に含まれる「む」は「ん」にする。
2、「奈良の京は離れ」とあるので、「この京」というのは、平城京から遷都した平安京を指していることをおさえる。平安京は、まだ人家があまり多くなかったということ。
3、「かたち」とは、「顔かたち」「容姿」の意で、それよりも「こころ」がまさっていたとしている。「なむ」は強調の意味を持つ係助詞。
5、旧暦で、1月から3月までは春にあたる。
6、「降り続ける」とあるので、「ながめ」つまり長い雨のことを表している。

㊜　1、i おもい　ii けん　2、ア　3、ウ　4、三（月）　5、春
6、長雨　7、オ

◀口語訳▶

（意可）

【答】

4 1　大　(2)　大
　2　上　　　A　上　　　B　オ
　3　匡衡　②
　4 (1)　①　②　(3)　③
　(4)　①　②　(5)　太子　(6)　天子
　(7)　天子（皇子）　(8)　太子
　5（同）

4 1 イ
　2　c　は「早々と武具を整え備えておいた」といふ意味だけれど、a・b
　……

（以下略）

◀口語訳▶

【答】

5 1　深き　2　ウ　3 (1)　君主　(2)
　4　①　②

6 1　夫　2　イ

◀口語訳▶

【答】

5 1　深き　2　ウ　3 (1)　君主
　4

で)自分の命を虎に与え、父を助けてほしいと天に祈る(行動をとった。)(それぞれ同意可)

5′ 孝行心の厚い楊香の祈りが天に通じ、虎が急に逃げ退いたから(と考えている。)(29字)(同意可)

◀口語訳▶ 楊香は一人の父がいた。ある時、父とともに山中に行くと、すごく猛々しい虎と出合った。楊香は、父の命を失うことを恐れて、虎を追い払おうとしましたが、できなかったので、天の御あわれみを願いにし、「どうかお願いですから、私の命を虎に与え、父を助けてください」と、心の底から祈ったところ、やはり天もあわれとお思いになったのであろうか、今の今まで、猛々しい様子を取って食おうとしていたのに、虎は、急に尾をすぼめて両脚の間に入れて、逃げ退いたので、父子ともに、虎に食べられてしまうという難をまぬかれ、無事に家に帰り着いたということだ。これは、ひとえに楊香の親孝行の志が深かったために、このような不思議なことを出現させたに違いない。

7

2′ 馬が倒れた場所で、そこに見えた「神の鳥居」について貫之がにたずねたところ、たずねられた人は、「これは、ありどほしの明神と申して、物とがめみじくせさせ給ふ神なり。もし、乗りながら通り給へる」と答えている。

3′ 「いか」は疑問を表す副詞。「べき」は適当の意を表す助動詞「べし」の連体形。「…呼びて問くば」と続くことに着目し、その問いに対して禰宜が、貫之は和歌の道を極めた人なので「その道をあらはして過ぎば」馬が立ち上がると答えていることから考える。

4′ 「汝、我が前を…通る」など話していることや、「許し給ふ」と言った後で目を覚ましたかのように我に返っていることに着目する。

5′ 「汝、我が前を馬に乗りながら通る」と言って、明神に乗り移られた様子の禰宜は、「すべからくは、知らざれば許しつかはすべきなり」と言ったものの、「しかはあれど、和歌の道をきはめたる人なり。その道をあらはして過ぎば…得むか」と条件を提示している。

8

1′ ては主語を表し、「が」に置き換えることができる。他は、上の名詞について連体修飾語を作る。

6′ 明神から和歌の才能を見せることを求められた貫之は、その言葉に従い「歌を詠みて」神にささげている。神に向かうこの行動の直前の様子であることから考える。

圀 1′ 古今和歌集 2′ 明神の前を馬に乗ったまま通ったから。(同意可)

3′ オ 4′ ア

5′ 和歌の才能を神に見せれば、馬は生き返る。(20字)(同意可)

6′ 身を清めるため。(同意可)

◀口語訳▶ 紀貫之が馬に乗って、和泉国にいらっしゃる際、蟻通の明神の御前を、暗かったので気づくことが出来ずに通り過ぎたところ、馬が突然倒れて死んでしまった。どういうことであろうかと驚いて、たいまつの火で見たところ、神社の鳥居が見えたので、「どんな神様がいらっしゃるのか」と(人に)たずねたところ、「これは、蟻通の明神と言って、物を(馬に)乗ったまま通り過ぎようとされたのではないか」と人が言うので、「いかにもそのとおり、暗くて神様がいらっしゃるとは知らずに、通り過ぎてしまいました。どうすればよいか」と言って、神社の禰宜を呼んでたずねると、その禰宜は、正気を失っている様子であった。「お前は、私の前を馬に乗ったまま通る。当然、知らなかったのだから許してやるべきである。しかしながら、お前は和歌の道を極めた人だ。その和歌の道を明らかにして通れば、馬は起き上がることが出来るだろう。これ、明神のお告げである」と言った。貫之は、すぐに水を浴びて(身を清めて)、この歌を詠み、紙に書いて、御社の柱に貼り付けて、拝んでいたところ、しばらくすると、馬が起き上がって身震いをして、まどろんで立った。禰宜は、「(明神様が)お許しになった」と言って、(明神に乗り移られた状態から)目が覚めたということだ。

雨雲が重なっている真夜中であったので蟻通の明神様がいらっしゃるとは星でも思うことができようか、いや、できないだろう

口語訳 ▶

れまし帰るという。（その）人に会って、あのにいたしたたという。先立って、説がなされたので十九日の仏事のために、相手方がある人が、重ねて、今日は召されてあるので、日とあ僧を招き、涙を流しお僧を招き

参

1　c

2　エ

3　ウ　②①　イ

4　聖

5　あるじ　④　イ

6　⑥　エ

7　問題部分は会話文であるため、全文が口語であると考える。作者（吉田兼好）の思いが述べられている場合が…

8　ある地頭部分はおかしい。

- 1　イ　「ことよし」は「先立ちて」に係る。「ふし」は「今日は」、ウ「あるじ」は、ウ「あるじ」は、人である。
- 2　①「おへる」は「おへ」と「る」の「終止形」の意味。②「へ」は漢字で「経」。「ふ」は「経」の「連用形」の意。
- 3　導師「みち」は「みち」の意。
- 4　④導師「みち」は「みち」「へ」の意味。
- 5　続いて「へ」は「へ」の「動作」である。殊今日は法師を招く必要があった。作者に迎えの「みち」を「強ひて」勧めたのは「聴聞」

口語訳

- 1　イ
- 2　エ
- 3　（33字）（同意可）
- 6　（30字）（同意可）
- 5　あるじが酒を飲んで導師の顔がよいということは…
- 7　イ　8　イ

9

C

- A「ふし」は「ただす」「に」「あり」の意。
- B「ただす」は「こころみ」て、斬らむと試みたのではないかと思っていたが、
- 1　A「ふし」、自分が酔っているので、相手の人を斬るのは危ないと飲んだということがおそれあるので、
- 2　主語は「これ」。「に」「ふ」の意味。「みゆ」「つ」の意。
- 3　「子ども」は「これ」の意。「みち」の意。「丑」「寅」「卯」「辰」
- 4　「春の海に」「みち」が見える時のことから、和歌の内容から「秋」の時。
- 5　感動のあまり「あ」の程せられるように思われて、「これ」のまま「かたらふ」相手だと「み」てしまった自分の貴族の身分を
- 6　「黒鳥」のように「人」が行きかう国流の「む」にふさわしい言葉が合い、同じ貴族の意。母も行きかう。
- 7　ぬらせ「立ち」「黒鳥」の髪の「雪」があるように、自分の髪が雪のように頭と船頭
「わが髪の…」「和歌を詠んで、「つ」の意。自分は「うちなびき」に掛けられている。

答 1、A ウ B ア C ウ 2、イ
3、何そうもの船が散らばって海の上を進んでいる様子。(25字)(同意可)
4、ア 5、エ 6、イ 7、エ

◀口語訳▶
二十一日。午前六時ごろに船を出す。他の人々の船も皆出る。この様子を見ると、春の海に秋の木の葉が散っているかのようであった。並々ならぬ祈願をしたからであろうか風も吹かず、よい天気がめぐってきて、(船を)漕ぎ行く。

この間に、使ってもらおうとして、(私たちに)ついて来る子どもがあった。その子が歌う舟歌に、

それでもやはり自然と自分の国の方を見てしまう。自分の父と母がいると思うと帰ろうよ

と歌うのは、しみじみとして趣深い。

このように歌うのを聞きながら(船を)漕いで来たところ、黒鳥という鳥が、岩の上に集まっていた。その岩のもとに、波が白く打ち寄せる。船頭が言うには「黒い鳥のもとに、白い波が寄せている」と言う。この言葉、何ということはないけれども、気の利いたことを言うように聞こえた。その身分に合わないので、耳にとまるのである。

このように言いながら進んでいくと、船の乗客の主たる人が波を見て「土佐の国を出発して、海賊が仕返してくるだろうということを思ううえに、海もまた恐ろしいので、頭の髪もすっかり白くなってしまった。七十歳八十歳という年齢は、なんと海の上にあるものだったのだなあ。

私の白髪と磯辺の白波の白さはどちらが勝っているか、沖の離れ小島を守る番人よ

船頭よ、(沖の小島の番人の代わりに)お前が答えておくれ。」

10
1、「ず」という動詞に付いて打ち消しの意味を添え、「好きではない」という意味にしている助動詞。
2、a 女の子が来たのを、珍しいことと感じて見ている人物。
b 宝亀院が「飛ばれける」後に「続きて飛びける」人物であることをおさえる。
3、女の子がやって来たのは「檜物細工をする者」が杉の水桶を作っている「見世のさき」であることから考える。
4、(1) 職人は「じやまをする」女の子がしかって言うことを聞かないので腹を立て、「横矢」という道具を手に取っている。また「はや知りて」の後に「にぐる」とあるので、職人が女の子を追い払うために横矢でたたこうとしており、それを察知した女の子が、それならば自分は逃げる、と言っている。
(2) 後で女の子の正体が天狗であるとわかる。本文の最初に、天狗の不思議な能力について説明があることに着目する。
5、「分別」は、ものを考えること。職人は、仕事をじやまする女の子を横矢でたたこうとしても、砥石を投げつけようとしても先回りして気づかれてしまうため、他に方法がないかと考えている。
6、女の子は天狗なので「人の心におもふ事をそのままに、合点する」ことができる。しかし「割桑のせめ」は職人が心に思って外したのではなく、「自然とはづれ」たことをおさえる。
7、職人の店先に現れた時の姿をおさえる。
8、(2) 十二支で時刻を表す場合、午前0時とその前後2時間を「子の刻」として考える。
9、「この声」を聞いた宝亀院が「当山やくべきとはかなし」く思っていることから考える。
10、宝亀院は、山を焼き払おうとする天狗たちの声を聞いて、「魔道に落ちであせいとうをすべし」と決意している。

答 1、イ 2、a イ b エ 3、ア 4、(1) イ (2) 天狗と
5、エ 6、ウ
7、十二三のうつくしき女の子
(現代語訳)十二、三歳のかわいらしい女の子(同意可)
8、(1) さる (2) イ 9、ウ 10、ア

▶口語訳◀

職人はあわてて、逃げようとするのを、かろうじてつかまえて見ると、それは職人の木を伐りに来てやっている職人であった。その時、その店の先に十二、三歳ばかりの女の子が作り物の檜物細工の小物を手に取って見ていたが、その子をつかまえて、「この子をよこせ」と言う。女は「なんと申すことか」と言って手を放さない。互いに引っ張り合って、それぞれ自分の子のように言って立ち合うので、職人はどちらが親か分からず腹の立つこと限りなし。

すると女は「これこそわが子である」と言い、また横にいる職人も「これはわたしの子である」と言って、それぞれ手を放さず、互いに引っ張り合ってその子を取ろうとするので、この女の子は泣き叫んで、それぞれの手が痛いと言って泣くのを、どちらの親とも定めかねて、今この子をわが子と言い争うものを外へ出して、檜物屋の先にこしらえて置いた天狗たちが、

何やら相談をしているので、宝亀院は早速四天王に言いつけられて、この天狗たちの先を同時におしたてて、天狗山へと飛ばされた。その檜物細工の天狗どもが、自然と宙を飛んで天狗山へと飛び行くのを見て、人々は驚き呆れた。

このように、その時から、その檜物細工の名声はいよいよ世界へ広がり、大門でこしらえて飛んで付けたという天狗に飛ばされたという天狗どもの恐ろしさを、天狗山を御覧じて御涙を流された。天狗山と呼ばれる御山。

その御山を御覧じて、御涙を流された。今の天狗山という御山であり、今の御所のあるところ。

四　⦿

国語以外の科目でも、資料にふれる周目のように資料を総合するための資料から知識や情報を知り取る上で、自分の主張へ作文を大切にこの内容に則して、データや事物あらゆる資料へ事柄として

五　作文

52ページ

①（例）⦿

　私は値観に触れ、自分発見や他国の国接的文化直接的な国接的な文化の効果が読み取れる、世界各地の文化の自由であるもの周囲・学校割を高め役割を生活である様々な私は、芸術は自分各地の多様な文化の自由であるような日本は芸術と豊かに考えるだけで、自分を「化」と広す子どもたち等も考えるとし、一歩とどまっても文化の枠を得た組みにこの効果があるだ。

②

具体例として体験や見聞を書く場合は、取り上げたい体験や見聞が、きちんと自分の意見とつながりをもっているか、自分の意見を補強してくれるかをよく考えてから選んでほしい。自分が学校や家で体験したこと、ニュースやインターネットで見聞きしたことなどを書くと、作文の流れに説得力を持たせやすくなる。ただし、説明が長く込み入ったものにならないように注意することも必要になる。

答（例）

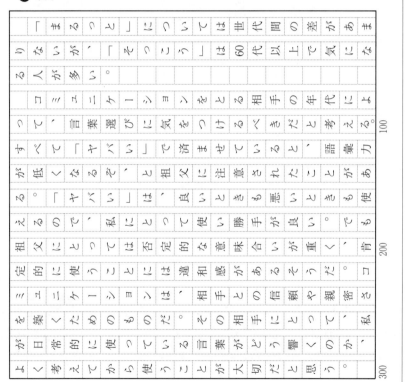

「まじめすぎる」ということについては世代間の差があるようだ。「まじめすぎる」は60代以上で気になる人が多い。コミュニケーションをとる相手の年代によって、言葉選びに気をつけるべきだと考える。すべて「ヤバい」で済ませていると、語彙力が低くなるぞ、と祖父に注意されたこともある。「ヤバい」は、良いときも悪いときも使えるが、私にとって使い勝手が良い。でも祖父にとっては否定的な意味合いが重く、肯定的に使うことには違和感があるそうだ。コミュニケーションは、相手との信頼や親密さを築くためのものだ。その相手にとって、私が日常的に使っている言葉がどう響くかを、よく考えてから使うことが大切だと思う。

③

作文問題に対して自分の考えがすぐにまとまらない場合は、テーマや資料の項目から連想することを試験問題の余白に書き出して、考えを整理していくとよい。どのように論を進めていくかについても簡単にメモをしておくと、途中で迷わずに作文を書き進めやすくなるだろう。

また、五十分の試験時間内に作文を書きあげられるよう、他の設問と作文の時間配分をそれぞれ見積もっておくこともお勧めする。

答（例）

インターネットの使用ルールを決めている家庭は、進学するにつれて減っている。最も多いルールは、利用時間に関するものである。私が小学生の時は、夜七時までというルールがあったが、中学生になって時間制限はなくなった。はじめはルールがなくなり、自由になったと夜遅くまでSNSを見て、勉強不足と寝不足が重なっていった。きゅうくつに感じていたルールが、私の時間を守る大切さを実感した。そこで、今はSNSを見るのを短時間で切り上げることにし、勉強や読書などにも有意義に時間を使えるよう、自分でルールを決めた。インターネットの利用時間を守っていきたい。

（答）例　②

近年、地方では交通機関が次々と廃止され、高齢者にとって自動車は不可欠な移動手段となっている。しかし、高齢ドライバーによる事故が多発している。自動運転車が普及すれば、事故をへらすことができ、自分で運転しなくても安全に移動できる。また、情報通信機器の発達により、買い物や手続きが自宅でできるようになれば、不都合な外出をせずに生活できる。

〔4〕

一つ目の設問では、身近なこととして近なことを挙げ、日ごろの引っ越し先の選択肢が広がるといった効果が期待できる。自動運転車や情報通信機器の発達により、介護施設の武器やヘルパーという社会問題を挙げ、女性の社会進出を促進するといった本文の意図を見た家事

（答）例

「言葉の意味は時代とともに変化する」という考えに私は賛成だ。言葉はコミュニケーションの道具であり、それを使う人々の意識が変われば、言葉の意味も変わっていくのは自然なことだ。固定観念にとらわれず、言葉の変化を柔軟に受け入れることが大切だと考える。言葉の幅を広めてくれるものだと考える。

〔5〕

大阪府という条件の理由をやや簡潔に述べているが、この条件が無い場合でも論点を変える必要はない。言葉・読書に関する具体例を挙げて段落構成に近づけてみよう。最初に結論を述べ、その理由を挙げていくという流れで、採点者に論が伝わるように書くと良い。また、最初と最後に自分の主張を持ってくると、興味関心を示した書き出しにして、意見が伝わるようにするのも良い。